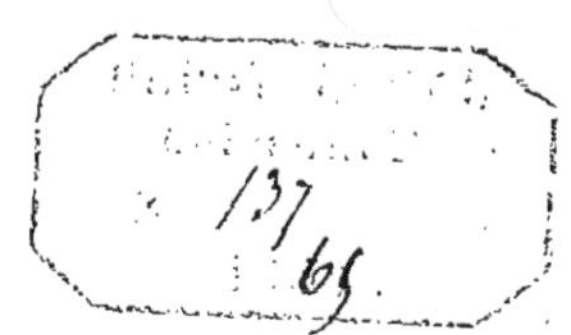

MONOGRAPHIE

DU

PRIEURÉ DE NOTRE-DAME DE BOIS-GARAND

SUR LA COMMUNE DE SAUTRON

(LOIRE-INFÉRIEURE).

IL A ÉTÉ TIRÉ DE CET OPUSCULE :

104 Exemplaires sur beau papier, avec double titre rouge et noir et vignette, et 3 planches ;
208 Exemplaires sur papier ordinaire, avec une seule planche.

No 1.

MONOGRAPHIE

DU

PRIEURÉ

DE

NOTRE-DAME DE BOIS-GARAND

SUR LA COMMUNE DE SAUTRON.

(Loire Inférieure)

PAR

M^R. PHELIPPES-BEAULIEUX.

M. DCCC LXV.

1865

MONOGRAPHIE

DU

PRIEURÉ

DE

NOTRE-DAME DE BOIS-GARAND

SUR LA COMMUNE DE SAUTRON

(LOIRE-INFÉRIEURE),

Par M. L. PHELIPPES-BEAULIEUX,

AVOCAT,

Membre de la Société Académique de la Loire-Inférieure; ex-Président de la Section de l'Agriculture, du Commerce et de l'Industrie; de la Commission départementale d'Agriculture de la Loire-Inférieure; du Congrès central d'Agriculture de Paris; du Congrès Scientifique de France; de la Société d'Archéologie départementale; de la Société Nantaise d'Horticulture; ex-Membre de la Société des Beaux-Arts; du Comice Agricole de l'arrondissement de Nantes; ex-Membre du Congrès de l'Association Bretonne; de l'Association Normande pour les Progrès de l'Agriculture, de l'Industrie et des Arts; de la Société Française d'Archéologie pour la Conservation et la Description des Monuments Historiques, etc., etc.

Deuxième Édition, augmentée et corrigée, avec les preuves.

NANTES,

IMPRIMERIE CHARPENTIER, RUE DE LA FOSSE, 32.

1865.

AVERTISSEMENT.

Nous nous empressons de prévenir le lecteur que, s'il venait à rencontrer, en cette Monographie, quelques différences entre nos opinions actuelles et celles émises précédemment dans notre *Essai historique et statistique sur la commune de Sautron en* 1832, cette différence résulterait de ce que nous avions alors ajouté foi aux assertions d'un écrivain du XVIIIe siècle (*), en ce qui concerne Bois-Garand, la Chapelle et son antiquité, tandis que, dans cette Monographie, nous avons corrigé les erreurs, après des études sérieuses et continuées pendant plus de dix ans; et si, malgré ces soins, il nous en fût encore échappé quelques-unes, nous nous empresserions de les effacer de suite, et d'adresser nos remerciements à la personne bienveillante qui aurait eu l'attention de nous les signaler.

Cette explication était indispensable.

(*) Ogée, auteur du *Dictionnaire de Bretagne.*

PRÉFACE.

Qu'on nous permette d'offrir ici nos remerciements et notre reconnaissance à MM. Émile Péhant et de Fourmont : le premier, conservateur en chef, et le second, conservateur adjoint de la Bibliothèque de Nantes, et à M. Ramet, archiviste du département. C'est un faible hommage que nous rendons à nos honorables et savants concitoyens, en retour des soins et surtout de la gracieuse obligeance dont ils ont bien voulu nous donner tant de preuves, pendant les difficiles et longues recherches des aveux, des chartes et des titres concernant ce Prieuré.

Nous ne devons pas omettre non plus MM. Paul Marchegay, ancien archiviste de l'Anjou; Aurélien de Courson, conservateur de la Bibliothèque du Louvre et publicateur du Cartulaire de Saint-Sauveur de Redon; Auguste Gautier, vicaire de Moisdon-la-Rivière, arrondissement de Châteaubriant, auteur d'un savant Pouillé de l'Évêché de Nantes; ni surtout notre vénérable ami le bon M. Bizeul (de Blain), si érudit et toujours si zélé pour les recherches archéologiques!...

Enfin, grâce au burin d'un amateur, nous pourrons aujourd'hui donner deux croquis de cet Oratoire, légères pages détachées d'un *œuvre* plus considérable, tout en formant la douce espérance que ce jeune artiste pourra plus tard figurer parmi ces nombreux enfants de notre Bretagne, dont les nobles études tendent continuellement à l'illustration de leur chère patrie.

AUX HABITANTS

DE BOIS-GARAND.

BONS HABITANTS ! AMIS DE MON JEUNE AGE !

Que votre accueil soit favorable à ces légendes de la Chapelle et du Prieuré de Notre-Dame!... Recueillies parmi les chroniques de la Bretagne et de l'Anjou, puissent-elles ajouter encore aux traditions de vos pères, ces bons vieillards qui se plaisaient à les raconter à vous, enfants, réunis autour du foyer, pendant les veillées d'hiver! lisez-les, relisez-les souvent, et pensez quelquefois au vieux chroniqueur du village!... Encore quelques jours, et nous ne serons plus traversant ensemble cette vallée d'épreuves, de larmes et de misères!... La vie est courte, incertaine!... mais le terme... qui le sait?... Nul ici-bas... Adieu, bonnes gens, adieu donc!... Vivez en paix, soyez heureux au fond de vos chaumières!...

1

E. P.-B. a. f. Impr.ie Charpentier 55. à Nantes 24-28. oct. 18..

MONOGRAPHIE

DU

PRIEURÉ

DE

NOTRE-DAME DE BOIS-GARAND

SUR LA COMMUNE DE SAUTRON

(LOIRE-INFÉRIEURE).

PREMIÈRE PARTIE.

Que ce village semblerait ancien si l'on admettait, seulement comme indices, les costumes des hommes et des femmes, leur naïf langage, les masures en pierres écornées et surtout les buis gigantesques ombrageant les ruines du manoir de la Colleraie!...

Mais son origine a une plus haute antiquité; et les preuves, conservées dans ses aveux et dans les chartes, revivront toujours dans les récits et les traditions des habitants.

L'aspect de ce lieu est empreint d'une sombre tristesse; on dirait un site des vieux temps. A l'entrée du village, on aperçoit l'antique Chapelle. Cet Oratoire, aux murs grisonnants, s'annonce de loin par le clocher, légère aiguille d'ardoises surmontée de la croix, portant le coq qui miroite sous les rayons du soleil et domine les champs des alentours.

Ce village est formé de deux parties; elles sont séparées par des jardins clos de larges pierres posées de champ, et par des vergers entourés de saules. Le hameau de la Chapelle compte six feux groupés autour du cimetière. C'est le manoir du chapelain dont le linteau, gravé en relief, porte une manière d'écusson effacé accompagné de huit besants, quatre à droite et quatre à gauche; l'hébergement des pélerins, percé de cinq ouvertures, ce modeste asile destiné au duc, aux seigneurs, aux nobles personnages et au menu populaire; puis encore quelques pauvres chaumières enfumées... Le grand village renferme vingt-quatre feux. A travers ce débris des vieux âges, cette agglomération de chaumières lézardées, de masures croulantes recouvertes de tuiles moussues, de vieilles maisons décorées d'armoiries parlantes (*IIe Partie, Note* 1); parmi les ruines et les ronces, serpente un chemin creusé dans le roc. Cette voie, rétrécie çà et là par des monceaux de fumiers, est souillée continuellement par les impuretés qui s'écoulent des étables, ruissellent sous les pieds et se mêlent aux sources limpides des abreuvoirs et des fontaines. Le sol granitique, recouvert d'une légère couche végétale, présente la rondeur d'un mamelon assez large mais peu renflé, penchant au Sud, où il est baigné par les eaux du Rieux à leur sortie des étangs du château du Bois-Thoreau; au Nord, par le ruisseau de la Musse, et à l'Est, par le Cens, petite rivière, qui arrose et fertilise les plus jolis vallons de la commune.

Semblable à une oasis parmi les bois et les landes, ce lieu a été recherché continuellement par les hommes. Là, tout indique un sol vénéré de nos pères; là, dans leur simplicité primitive, ils ont pratiqué les cultes mystérieux antérieurs à la foi chrétienne. Quelques pierres énormes, éparses sur différents points, n'indiquent-elles pas le séjour des Celtes?... Les briques et les débris de tuiles à rebords ne proviennent-ils pas de l'occupation romaine après la conquête?... Et les traditions des ermites, conservées dans ce village, ne prouvent-elles pas les souvenirs de ces modestes et premiers prédicateurs de l'Évangile, qui, inspirés des pensées de saint Félix, après avoir renversé les temples et détruit les idoles, les ont remplacés sur les lieux mêmes par la fondation des chapelles, des églises et des oratoires (*II*[e] *Partie, Note* 2)? En effet, les historiens remarquent que les hommes, en tous les temps et en tous les pays, ont coutume d'adresser à Dieu leurs prières sur les lieux mêmes où venaient prier leurs pères... C'est ainsi que Saint-Pierre de Rome a été édifié sur l'emplacement consacré aux faux dieux, avec les débris des temples païens; que Notre-Dame de Paris a remplacé les dolmens celtiques sur les bords de la Seine, et que Saint-Pierre de Nantes, dominant le cours de la Loire, s'élève sur la colline qui fut destinée tour-à-tour aux mystères des druides et au culte de Volianus. Sans doute, c'est au zèle ardent de ces pieux anachorètes qu'est due la fondation de cet Oratoire primitif que nous estimons remonter au VIIe siècle, ermitage en grande vénération dans tous les alentours, et détruit sans doute au IXe ou Xe siècle par les Normands, mais réédifié probablement avec le titre de Prieuré sur le lieu même et conservant encore le nom de l'*Ermitage*, comme souvenir de son antique origine.

Le fief et domaine de Bois-Garand, jadis sous bois, landes, prés, terres labourables, s'étendait en Sautron avec ses annexes en Vigneux. Il était renommé pour sa fertilité naturelle et ses vallons toujours verdoyants, ombragés de chênes, d'aulnes et de saules, et ses collines couvertes de riches moissons. On assure que les orages ne s'y font jamais sentir, et les habitants prétendent même que le tonnerre n'y est jamais tombé. A quoi donc attribuer ces effets surprenants, s'ils sont véritables ?... Serait-ce à la situation de cette éminence, entourée de ruisseaux aux eaux toujours vives et courantes, ou serait-ce à la toute-puissance de la Reine des Anges, patronne de ce Prieuré, comme le croient et le disent encore ces bons habitants ?...

Le Prieuré avec la Chapelle, situé sur la paroisse de Sautron, était, comme cette paroisse, enclavé au sein de la forêt célèbre dans ce temps par la tradition du serpent qui dévorait les voyageurs (*II*[e] *Partie, Note* 3). Cette antique et vaste forêt, dépendance du domaine ducal, comprenait les paroisses de Couëron, d'Orvault, de Saint-Herblain et de Sautron. Elle s'étendait jusqu'à la place Viarme, à Nantes, et au cimetière de Miséricorde. Dans la rue des Hauts-Pavés, on remarque encore un pavillon, rendez-vous de chasse, portant des écussons martelés.

Ce domaine ducal, aux portes de Nantes, était baigné au Sud par les flots limpides de la Loire, et au Nord par les sombres eaux de l'Erdre. Il était sanctifié, depuis l'Ère Chrétienne, par divers monuments religieux, tels que :

L'église de Saint-Symphorien, à Couëron ;

L'église de Saint-Jacques, à Sautron ;

L'église de Saint-Léger, à Orvault ;

Le prieuré d'Aindre, à Aindre.

En outre, à Couëron, c'était la chapellenie de Saint-Blaise, sur la crête du sillon de Bretagne ; à Aindre c'était le monastère fondé, en 630, par Pasquier, évêque de Nantes ; sur l'île d'Aindret, c'est encore l'ermitage en pierres brutes des anachorètes ; à Saint-Herblain, c'est l'église fondée, en 720, par saint Hermeland ; la chapelle de Miséricorde, fondée en 1025 par Gautier II, évêque de Nantes ; l'église de Saint-Sambin-lez-Nantes ; la chapelle des Anges, à Orvault, en 1436 ; la chapelle de Notre-Dame-des-Dons, à Treillères, au XVe siècle ; et la chapelle de Notre-Dame-des-Sept-Douleurs, à Grand-Champ, et enfin le Prieuré de Notre-Dame de Bois-Garand, domaine des ducs, vers 1038.

Mais, quel est le nom du fondateur de la *Chapelle des Ermites,* qu'on présume du VIIe siècle?... Nul ne le sait... Quel est le fondateur du Prieuré, qu'on affirme être du XIe siècle?... On l'ignore également... Il est à présumer que c'est un duc, ou quelque puissant seigneur des environs. Par suite des démembrements du domaine ducal, le *Prieuré* a dû subir divers changements. Voici les seuls qui nous soient connus authentiquement, d'après les chartes. D'abord, le fief et domaine de Bois-Garand fut donné, en 1038, au monastère de Saint-Cyr et Sainte-Julitte (*alias*, Saint-Léonard de Nantes) (*IIe Partie, Note* 4), par Budic, comte de Nantes, et Adoïs, son épouse (*IIe Partie, Note* 5); ensuite, ce fief et domaine, réuni au monastère de Saint-Cyr, hors ville, mais comprenant, au dedans de la ville, l'église de Sainte-Marie ou la collégiale, l'église de Saint-Vincent et la dîme des ventes de toutes les espèces de denrées sur les marchés de Nantes, furent donnés en 1039 (*IIe Partie, Note* 6), par Mathias, comte de Nantes, à Léoburgis, dame abbesse de la Charité d'Angers, couvent de l'ordre de Saint-Benoist (*IIe Partie, Note* 7).

La volonté du comte ne fut ni exécutée en totalité, ni respectée pendant longtemps. Ces biens furent envahis successivement par les laïques, et il fallut, pour arrêter cette spoliation, qu'un de ses successeurs, Conan Alain, duc de Bretagne, confirmât, en 1128, par une charte nouvelle, la donation du fief et domaine de Bois-Garand, du monastère de Saint-Cyr et Sainte-Julitte, qui furent derechef réunis, vers 1324, au prieuré de Sainte-Marie du bourg des Moutiers, au pays de Retz (*IIe Partie, Note* 8).

Cependant il semblerait que, malgré les chartes émanées de plusieurs souverains, ces donations auraient été méconnues plus tard, du moins pour une partie, puisque, dans les années 1576-1579, l'abbesse et les religieuses de Sainte-Marie du Ronceray réclamèrent et obtinrent confirmation de la *propriété* de leurs domaines, droits et priviléges, pour les biens situés en *Bretagne.* Ce fait est prouvé par des lettres-patentes émanées d'Henri III, et que Sa Majesté fit expédier aux Chambres des Comptes de Paris et de Bretagne. En outre, cet arrêt est consigné dans la juridiction de la Chambre des Comptes par Padioleau, sieur de Launay, auteur de *la Jurisprudence de la Chambre des Comptes de Bretagne.*

Avant d'aller plus loin, il est urgent que nous fassions connaître cette antique maison religieuse, surnommée le Ronceray, si célèbre dans les chartes de l'Anjou et de la Bretagne, par quelques-unes de ses particularités les plus remarquables. En ce temps, c'est-à-dire vers le XIIe siècle, le Ronceray, dont l'origine paraît antérieure au VIe siècle, était à l'apogée de la plus haute vénération chez les pieuses populations angevine et bretonne par sa consécration à la Vierge. Cette abbaye, après avoir été dévastée, à ce qu'on présume, par les Saxons au Ve siècle, et détruite de fond en comble par les Normands au IXe siècle, fut relevée, en 950, par Foulques le Bon, comte d'Anjou, puis reconstruite, sur de plus vastes dimensions, en 1028, par Foulques Nerra, et enfin consacrée, en 1119, par le Pape Eugène. Le comte y établit quatre prêtres chargés de veiller continuellement au service des âmes des religieuses. Ils partageaient avec les religieuses les bénéfices qui leur étaient attribués. Ces prêtres avaient rang de chanoines, dignités qui leur furent reconnues plus tard par arrêt de Parlement.

Foulques Nerra, non content d'avoir répandu tant de faveurs sur cette riche abbaye, en concéda de nouvelles et de plus considérables encore aux nobles dames religieuses, telles que des donations à perpétuité de fermes, de bois, de champs, de prés, de vignes, de moulins, de pêcheries, de ponts avec droits de péage, de chapelles, de cures, de prieurés et enfin de familles entières de serfs. Ces libéralités princières avaient pour but la conservation du repos de l'âme du donateur, et l'éclat et la prospérité de cette abbaye, l'une des plus illustres parmi les chapitres de femmes... L'on n'y admettait que les dames et les demoiselles issues des plus anciennes et illustres familles. Il fallait faire preuve de huit quartiers de noblesse. La dignité d'abbesse était élective, mais la nomination, depuis 1778, comme la nomination de toutes les abbesses de France, appartenait au roi.

Telle était cette riche abbaye (*IIe Partie, Note* 9) à laquelle le duc de Bretagne, à l'exemple des comtes d'Anjou, confirma le don du monastère de Saint-Cyr et Sainte-Julitte, du fief et domaine de Bois-Garand et du prieuré de Sainte-Marie du bourg des Moutiers, au pays de Retz; ces trois dons étaient trois fiefs avec haute, moyenne et basse justice, avec les annexes, appartenances et dépendances.

L'abbesse, devenue de la sorte dame suzeraine du fief et prieuré de Bois-Garand, le plaça, quelquefois avec l'approbation épiscopale, sous la direction d'une sœur, et le fit desservir en son nom par un chapelain, curé ou recteur, chargé de dire les offices chaque jour et de vaquer au service des âmes des fidèles.

Ce domaine, érigé en Prieuré suivant nous au XIe siècle, mais reconnu authentiquement dans un acte d'accord, en 1381, par la dame prieure de Sainte-Marie du bourg des Moustiers, avait droit de juridiction haute, moyenne et basse, fief, seigneurie et obéissance sur les hommes et sujets desdits lieux, de lods et ventes, épaves, gallois, deshérence, moulin à vent, moulin à eau, chaussée, étang, cep, collier, prison audit Bois-Garand. Dans l'origine, la justice siégeait sur le lieu même; mais plus tard, le siége fut transféré à Nantes, à Saint-Cyr, puis à Saint-Léonard, où se tenaient les audiences et les plaids les lundis, en janvier et juillet. Cette juridiction était composée, en 1757, de MM. Secretain, sénéchal; Le Beau du Bignon, procureur fiscal, et Monnier, sergent greffier; en 1788, de MM. Le Beau du Bignon, sénéchal; Caillé, procureur fiscal, et Cousin, greffier sergent.

Le rôle rentier ou papier terrier, pour Sautron, s'élevait à 10 livres 10 sols, et le droit du terrage consistait dans la treizième gerbe et le treizième de tous les fruits croissant sur cette juridiction; tandis que sur le fief et seigneurie et dépendances en Vigneux, les tenanciers ne devaient donner que la moitié des dîmes. Les terres des Croisés étaient exemptes. Ces dîmes se percevaient sur le froment, le seigle, l'avoine, le lin, le miel, la cire, les fèves, les pois, les laines et tous les autres fruits croissant dans la circonscription. Les paiements se faisaient aux termes de l'Angevine (8 septembre) et à Noël (25 décembre), chaque année.

Les débornements du fief et du Prieuré avaient lieu en Sautron: 1° Dans la région du Sud, par la grande route de Nantes à Vannes; 2° à l'Est, par la forêt, devenue plus tard domaine de l'évêché; 3° à l'Ouest, par les terres du seigneur de Vigneux; 4° et au Nord, par le chemin de Blain à la Paquelais et à Nantes. La partie au Sud du Cens porte le nom du Grand-Bois-Garand, et la partie au Nord, celui de Petit-Bois-Garand; réunies elles forment les deux tiers de la commune.

Le fief et seigneurie du susdit Prieuré, par son

annexe en Vigneux, contenait, en outre, environ 100 journaux, qui sont délimités, d'un côté, par la terre du duc de Rohan, de l'autre, par la terre du marquis de Sévigné, et de l'autre, par la terre du seigneur de la Joue. Dans cette enclave il existe plusieurs villages, tels que la Haute-Noue, le Haut-Vernay, l'Oresvière, la Pinellerie, la Haute-Genellière et la Haie-Méonnière (*II*e *Partie, Note* 10).

Les anciens de Bois-Garand (*II*e *Partie, Note* 11), c'est-à-dire, les descendants de ces hommes qui, au temps du servage, dépendaient du fief du Prieuré à titre d'hommes de corps, taillables et corvéables, se sont transmis, de génération en génération, des traditions nombreuses. La plupart sont entremêlées de récits de follets, de sorciers, d'apparitions aux fontaines, de laveuses nocturnes aux bords des étangs (*II*e *Partie, Note* 12). Mais nous ne consignerons ici que les traditions les plus remarquables, pour les conserver avec leurs particularités les plus intéressantes.

Ces bonnes gens, dans leur naïf et vieux langage, prétendent que la Chapelle ou l'Oratoire de Bois-Garand, dont ils font remonter la fondation jusqu'à l'antiquité la plus reculée, a été vénéré, en Bretagne, de tous les temps, pour ses ermites, ses merveilleux et surprenants miracles, ses pélerinages, et, surtout, les processions, si belles et si variées au temps de nos ducs, et le grand pardon du 2 juillet, jour de la fête du Prieuré! « Ah! si » vous aviez vu, s'écrient quelquefois ces bons vieillards,

» dans leur chaleureuse effusion, ah! si vous aviez vu,
» comme les pères de nos grands-pères, pendant les jours
» heureux et les jours malheureux de notre cher pays,
» les grands pélerinages, au temps de la cour de nos
» ducs et de nos duchesses, des rois et des reines de
» France, des princes et des seigneurs de l'Anjou et
» du Poitou !... Quelle cour brillante !... quelle cour
» nombreuse !... elle s'étendait au loin au travers de
» nos landes, où elle se prolongeait sur deux files,
» depuis les murs de Nantes jusqu'au cimetière de la
» Chapelle du Prieuré, semblable à une troupe de gens
» de guerre, car tous étaient souvent montés à cheval:
» pages, seigneurs, dames, demoiselles, gens de cour,
» gens de lois, gens de finances, valets, domestiques.
» Tout au milieu apparaissait le duc François II, quel-
» quefois avec la belle et triste duchesse Marguerite de
» Foix, et plus tard avec la jeune princesse Anne et la
» petite princesse Isabeau, entouré des archers de sa
» garde, richement costumés, formant un grand carré
» et laissant entre le souverain et les gardes une respec-
» tueuse distance. Les jeunes écuyers et les grands offi-
» ciers portaient le manteau d'hermines, la couronne
» ducale, la main de justice et l'épée de parement... Ah!
» quel immense concours !... Les beaux pélerinages !...
» Non! non! ces souvenirs ne s'effaceront pas de la mé-
» moire des bourgs et villages à plus de dix lieues à la
» ronde!... Quels miracles !... quelles neuvaines! quels
» vœux accomplis par les gens de mer !... Quelle véné-

» tion pour la bienheureuse patronne du Prieuré !... Ah ! » que de fois notre bonne duchesse, en compagnie de son » royal époux Charles VIII, est venue prier Dieu dans » notre chapelle !.. Que de fois, pendant son veuvage, » elle est venue, triste, solitaire, s'agenouiller sur les » marches de cet autel qu'elle baignait de ses larmes !... » Eh ! que de fois encore elle est venue en compagnie » de ce prince au noble cœur, ce bon Louis de France, » douzième du nom, implorant la protection de Notre- » Dame pour la conservation du royaume que Dieu » avait confié à leur sagesse !... Quels souvenirs pour » ce village !... Que nos enfants les transmettent donc à » leurs descendants comme nos pères se sont empressés » tant de fois de nous les redire au coin du foyer, pen- » dant les veillées d'hiver !... »

Ces anciens prétendent que Bois-Garand était jadis le *bourg* ou la paroisse, c'est-à-dire le lieu de réunion des habitants pour ouïr le service divin. La qualité de *bourg*, affirment-ils, est relatée dans de vieux titres sur parchemins qu'ils possèdent et conservent précieusement au fond de leurs bahuts. Il est vrai, les aveux et les chartes constatent que le siége du fief et de la justice seigneuriale résidait dans le *bourg* de Bois-Garand. A l'appui de ces diverses traditions, les habitants faisaient remarquer encore, vers 1820, dans un jardin, conservant le nom de l'*Ermitage*, situé à l'Ouest de la Chapelle, cette reconstruction de 1464, quelques ruines consistant en pierres nombreuses de diverses grosseurs, les unes éparses sur le sol et les autres à moitié enfouies, et ils prétendaient que ces pierres provenaient des ruines de l'une des anciennes chapelles construites quatre ou cinq siècles avant le XVe siècle. Et, bien plus encore, ces bons villageois assurent avoir rencontré dans les fouilles, au Sud de la Chapelle reconstruite en 1464, les fondements d'une substruction d'une bien plus haute importance, débris qui sembleraient remonter à une époque antérieure même à celle des débris de l'*Ermitage.* Ne serait-ce point plutôt les débris de la Chapelle du VIIe siècle, fondée par les ermites?... Cette opinion ne paraîtrait point dépourvue de vraisemblance, si l'on se rappelle que ce lieu et les alentours ont été habités depuis une époque encore plus reculée. En effet, cette preuve résulte des débris *gallo-romains* et surtout des débris de briques à rebords recueillis en 1854 dans le *Castrum romanum,* au milieu des champs Beuves ou fief Launay. Les fouilles dans les champs des Bezirais, les champs Gats (dépendances de la terre des Croix), en 1852, 1853, 1856, ont donné de nombreux vestiges de l'occupation romaine; et comme signe d'une plus haute antiquité encore, nous ajouterons les fouilles aux Moulins de l'Évêque, en 1788, et au pont de l'Arguillère, en 1831, les larges dolmens sur le Cens servant au passage du gué des Croix, le peulven excédant 3 mètres, retiré de la cour du presbytère en 1842, et enfin les deux peulvens aux signes mystérieux renversés dans la Coulée, au Nord des Grands-Bois.

Suivant les traditions, chacun serait porté à croire que les Normands, ces destructeurs d'églises, ces brûleurs de châteaux, ces pillards de monastères, pendant le IXe et le Xe siècles (*IIe Partie, Note* 13), auraient détruit cet Oratoire, cet objet de la vénération bretonne, en même temps qu'ils ravageaient Nantes et les autres villes sur les rives de la Loire, depuis l'embouchure du fleuve jusqu'à Orléans.

Car, dans le XIe siècle, Mathias, comte de Nantes, s'empressa de relever les chapelles, les églises, les abbayes et les monastères, mis en ruines par les hommes du Nord, et il les dota de nombreuses libéralités. Tous ces faits sont consignés dans les chartes et notamment pour ce qui concerne l'église et le monastère de Saint-Cyr et Sainte-Julitte, auxquels il donna Bois-Garand, dépendances du domaine ducal situé entre Orvault et Vigneux, sur les rives de l'Aulxence, avec les terres cultivées et non cultivées, les bois, les prés... Voici le texte de la charte : *Donavimus Bois-Gragunderram qui est inter Oisraldum et Vigno, super aquam Alsentiæ cum cultis et incultis et sylvis et pratis...* pour subvenir aux besoins et dépenses des servantes du Seigneur, porte textuellement la charte. Réunir le monastère au Prieuré, c'était les joindre l'un à l'autre à l'effet de les maintenir dans un état continuel de prospérité.

Remarquons que cette donation est du XIe siècle, époque de nombreuses donations aux abbayes, chapelles, églises, monastères, oratoires, époque des dons surexcités moins, suivant nous, par la pensée prédominante encore *mundi termino appropinquante*, que par un sentiment de charité religieuse dans le but de réparer les désastres des barbares qui avaient saccagé le pays plat, les châteaux, les manoirs, les églises et les villes, avec l'intention de détruire la Religion Chrétienne. En ce temps, l'ancienne chapelle des ermites a dû être relevée avec la dénomination de Prieuré, suivant nous, sur le lieu nommé encore l'*Ermitage*, ou peut-être sur le lieu où a été reconstruite plus tard la Chapelle de 1464. Quelques traces de substructions tout autour le feraient soupçonner (*IIe Partie, Note* 14). En effet, lors de la restauration du sol de cette Chapelle et du replacement des nouvelles dalles, des mouvements de terrain dans le cimetière et dans la sacristie, et des fouilles aux environs, on a jeté sur la voie publique divers fragments et menus débris de statuettes en marbre blanc, aux formes grêles, remarquables surtout par les draperies et la disproportion des membres qui sont informes, signes caractéristiques des œuvres des artistes du XIIe ou XIIIe siècle. Qui donc a pu les enfouir en ce lieu saint?...

Mais ce qui surprend davantage, c'est que le nom de Sautron, nom de la paroisse sur laquelle ce Prieuré est fondé, soit omis dans la charte du 15 juillet 1038, et dans la seconde du 8 avril 1039, comme il l'est encore dans l'acte de confirmation de cette munificence princière, en 1126, par Conan Alain à la dame abbesse du Ronceray. Cette omission semble inexplicable, car la paroisse de Sautron, mentionnée, comme paroisse faisant partie du domaine de l'évêché de Nantes, dans une charte de 1123, n'en doit pas moins remonter, suivant nous, à quatre ou cinq siècles antérieurs, c'est-à-dire à l'époque de la fondation des autres paroisses sur la rive droite de la Loire, époque où les habitants devaient encore faire usage de la langue celtique, comme l'indique le nom de Sautron, *Sul trun,* mot formé de deux racines de cette langue et qui signifie *vallon* et *soleil.* Cependant, s'il fallait ajouter foi à quelques traditions, un peu obscures, il est vrai, Sautron, érigé en paroisse du VIIe au VIIIe siècle, ne serait qu'un démembrement de Couëron (*Coet run,* en langage celtique *bois de la colline*), et d'Orvault, deux paroisses fondées sur le domaine des ducs.

Maintenant, abandonnons les présomptions et les traditions, et examinons les documents plus graves que nous avons tirés des titres authentiques, et nous parviendrons insensiblement à découvrir, dans ces temps anciens, le point sur lequel devait s'élever l'église paroissiale ou le *Bourg.*

Ces titres ne remontent qu'au XVIe siècle. Ils sont au nombre de sept :

Le premier est un aveu rendu au roi Henri II, en l'année 1557, par vénérable dame Madeleine de Villiers, *prieure de Bois-Garand.* Dans cet aveu, le tabellion désigne trois champs sous les noms de *Pré du Bourg,* de *Courtil du Bourg* et de l'*Hébergement du Bourg.*

Le second est un aveu rendu en 1639 par Hervé Secretain, notaire, qui nomme Bois-Garand le *Bourg*.

Le troisième est un aveu rendu en 1655 qui nomme le *Prieuré*, le *Bourg de Bois-Garand*.

Le quatrième est un aveu rendu en 1678 au roi Louis XIV par la dame de la Barre de Saulnay, *prieure* de Bois-Garand. Cet acte, comme le premier, cite le *Pré du Bourg*, le *Courtil du Bourg*, l'*Hébergement du Bourg*.

Le cinquième est un second aveu de la dame de la Barre de Saulnay, *prieure de Bois-Garand*, rendu en 1682 au roi Louis XIV, dans lequel on lit la tenue du *bourg de Bois-Garand* où est située l'*ancienne Chapelle* dudit lieu et autres logements et logis dont jouit la veuve de François Secretain, en son vivant sieur de la Rivière.

Le sixième et septième sont encore deux aveux rendus, l'un en 1708 par René de Boislève, et l'autre en 1778 par Mathurin Le Texier, mari d'Élisabeth de Boislève. Le texte est semblable, le voici : *au devant de la grande porte de ladite Chapelle, est une grande masère ou vieux vestiges de grands bâtiments ou murailles dans un jardin, le tout vulgairement nommé l'Ermitage.*

Ces divers documents, renouvelés de siècle en siècle, tendent à confirmer l'opinion que ce village ou bourg, nommé anciennement *Bot-Garan* (deux racines celtiques qui se rendent en français par ces mots : *village de la Garenne*), ensuite *Bois-Garnier*, puis *Bois-Garand*, noms changés, sans doute, par la piété des fidèles et la reconnaissance des pélerins, en celui de *Bon-Garand,* aurait été dans le principe, comme prieuré-cure, le chef-lieu paroissial de Sautron... N'a-t-on pas vu souvent, dans les paroisses pauvres et petites, les chapelles des prieurés servir d'églises paroissiales?... Nous citerons comme exemples, la chapelle du *prieuré* de Saint-Hermeland, à Aindre, et la chapelle du monastère de Saint-Martin de Vertou, et enfin, comme preuve, nous citerons le bel ouvrage intitulé : *L'Anjou et ses Monuments;* à la page 389 du tome Ier, M. Godard-Faultrier s'exprime en ces termes :

« Les grandes abbayes telles que Saint-Serge, Saint-Aubin, le Ronceray, Saint-Maurice, Saint-Florent, possédaient un très-grand nombre de prieurés-cures, sur lesquels les évêques n'avaient d'autre autorité que celle d'ordonner les prêtres desservants. Le prieuré relevait le plus souvent des abbés quant au temporel, au patronage et à la présentation, et de l'évêque quant à l'ordination et à l'acceptation. »

Enfin, nous le répétons, les ruines, les titres et les traditions sont d'accord pour établir que les chapelles, ou comme simples oratoires ou comme chapelles du *Prieuré* au *Bourg* de Bois-Garand, ont servi d'église paroissiale à Sautron, depuis l'érection de cette paroisse vers le VIIe ou VIIIe siècle jusque vers le milieu du XVe siècle.

Cependant, malgré les traditions et les titres précédents on n'en doit pas moins convenir que le lieu portant actuellement le nom de *Bourg de Sautron,* placé alors au centre d'une vaste forêt (*IIe Partie, Note* 15), percée de nombreuses routes pour les grandes chasses et la circulation des habitants, des marchands et des voyageurs, a dû être une agglomération antique, d'abord abandonnée, puis reprise : les *pierres druidiques* aux énormes dimensions déterrées dans la cour du presbytère, puis les débris *gallo-romains* sur la *colline des Croix,* au Nord du Cens, sont les preuves les *plus évidentes* que le point nommé actuellement *Bourg* ou *Passage de Sautron,* a dû être habité dans les temps antérieurs.

La vieille Chapelle dans le jardin nommé l'Ermitage tombant en ruines, le duc de Bretagne, François II, qui venait fréquemment à la chasse dans la forêt (*IIe Partie, Note* 16), et qui avait conservé une profonde vénération pour ce lieu toujours si révéré des fidèles, se détermina à faire édifier une nouvelle Chapelle pour remplacer l'ancienne, fondée au XIe siècle, à ce qu'on présume. C'était, disent les habitants du village, pour l'accomplissement d'un vœu formé par ce prince. La magnificence ducale se manifesta splendidement dans cette œuvre religieuse en pierres de granit, non moins que dans le manoir du chapelain, au Sud du cimetière. Ces deux édifices sont remarquables surtout par leur solidité. Les pierres, en forme de gros appareils, sont taillées à l'orne; mais celles de la Chapelle ont été enduites depuis d'une couche épaisse de chaux qui recouvre la régularité des ciselures (*IIe Partie, Note* 17). Le duc plaça cette belle Chapelle sous le vocable de la Vierge, qu'elle avait toujours porté, en lui conservant le nom de Notre-Dame de Bois-Garand. La consécration eut lieu le 6 juin 1464 (*IIe Partie, Note* 18), d'une manière solennelle, par le coadjuteur de Rennes, en présence du duc, de la duchesse, des dames et des seigneurs de la cour. On remarque, sur certains points du mur, les croix en rouge de la consécration, entourées d'un cercle rouge, et qui rappellent l'époque de cette cérémonie importante. Cet Oratoire est couvert d'ardoises et surmonté d'un clocher pyramidal en bois, légère aiguille d'ardoises terminée par une croix, supportant un coq et placée au-dessus de la grande porte. La grande porte n'est ouverte que les jours de fête. La Chapelle s'élève au centre d'un cimetière où le fossoyeur rencontre sous sa bêche des ossements desséchés. La charpente, d'une forme simple et élégante, en bois de chêne, est solidement établie avec pièces passantes. Quatre contreforts en pierres de taille renforcent le chœur en dehors. L'autel fait face au soleil levant. A quelque distance est placée une balustrade moderne en fer, qui sépare le chœur d'avec le bas de la nef. A droite et à gauche sont réunies deux nefs, figurant deux petites chapelles et formant les deux bras de la croix. Elles sont éclairées par deux fenêtres trefflées dans la partie supérieure. Dans la première nef à droite, au-dessus d'un petit retable qui surmonte l'autel, sont placées les statuettes en bois coloriées de saint Roch, accompagné de son chien ; de sainte Emérance, entourée de huit petits enfants, et de saint Antoine. A gauche, sur un retable au-dessus de l'autel, sont placées également trois autres statuettes en bois coloriées : la première représente l'archange saint Michel, armé d'un glaive et d'un bouclier, terrassant un dragon. L'écu au champ d'azur porte une croix d'or, cantonnée de quatre coquilles en or (*IIe Partie, Note* 20). La seconde statuette représente sainte Julitte, et la troisième saint Cornelius. En place des pavés, on voit des dalles en granit qui recouvrent le sol. Au-dessus de la grande porte règne une vaste tribune à laquelle on parvient par un escalier en bois, et qui paraît avoir été destinée à l'usage du duc, des dames et des seigneurs qui l'accompagnaient, car ce prince, très-pieux, assistait toujours, suivant le récit des habitants, à la messe, avant de partir pour la chasse (*IIe Partie, Note* 21). Une seconde porte à droite, près d'un bénitier, ouverture moins élevée et moins large, dessert habituellement la Chapelle. Le lambris à cintre ogival a été rétabli en partie; on y remarque encore quelques traces des armoiries de Bretagne : les hermines et la couronne ducale. Ces armoiries étaient peintes en outre sur le grand vitrail qui éclaire l'autel du centre, vitrail où il reste encore quelques traces de peinture et de la couronne. Cette belle fenêtre est décorée d'ogives géminées et surmontée d'une rosace polylobée en style flamboyant. Ces beaux verres, jadis coloriés, et ces vitraux dans les nefs, à droite et à gauche, ont été remplacés en partie par des verres sans couleur. Les peintures du lambris sont ternies et quelques-unes effacées. Il existe encore quelques panneaux peints en bleu d'azur, sur lesquels scintillent des étoiles d'or. Dans l'intérieur des murs l'architecte a eu soin de pratiquer des cavités nombreuses contenant des vases en grès, semblables aux vases d'airain, nommés *echea* chez les anciens, afin de donner plus d'intensité aux effets de l'acoustique et de produire cette sonorité éclatante que nos pères recherchaient tant autrefois dans les monuments religieux. A l'Ouest et au Nord, dans le cimetière, enclos de murs à hauteur d'appui, s'élèvent deux aubépines (*cratægus oxyacantha*, Linnée), arbustes remarquables par la grosseur du tronc et l'épaisseur du branchage, et qui doivent compter plusieurs siècles d'existence; leurs jolies fleurs blanches, dans les premiers jours du printemps, embaument l'air des plus suaves parfums et ne cessent d'attirer les regards des pélerins et l'attention des voyageurs. On distingue aussi un jeune chêne à l'Est; une croix en granit, élevée sur un piédestal en grison, au Levant; puis, au Couchant, un vieux cormier couvrant de son ombre la grande porte du cimetière.

C'était un usage immémorial, dans les paroisses voisines, de venir (*IIe Partie, Note* 22) chaque année en procession à Bois-Garand, le 2 juillet, jour de la fête de la Visitation de la Vierge (*IIe Partie, Note* 23). A cette réunion, quelque peu tumultueuse, on distinguait les bannières, les croix, les curés, les vicaires, les marguilliers, les sacristains, les enfants de chœur, marchant en tête des fidèles des alentours. Parmi cette foule, on remarquait les paroisses suivantes : Aindre, Boué, Bouvron, Casson, Chantenay, Couëron, Fay, Grand-Champ, Héric, la Chapelle-sur-Erdre, Orvault, Saint-Étienne-de-Mont-Luc, Saint-Herblain, Saint-Jacques-lez-Nantes, Saint-Sébastien-d'Aigne-lez-Nantes, Saint-Similien, Sautron, Sucé, le Temple de Maupertuis, Treillères et Vigneux... La messe était célébrée avec une grande pompe et un grand recueillement. Mais la confusion et le désordre, toujours croissant dans une réunion de quinze à dix-huit mille personnes de tous les âges et de toutes les conditions, finirent par déterminer Mgr l'évêque de Nantes à interdire en l'année .... ces nombreuses processions, au grand regret des assistants et surtout des habitants de Bois-Garand et de Sautron, qui, dans ce jour de réunion, rencontraient à la fois agrément et profit. C'est pour le même motif sans doute que la foire du 1er juillet fut supprimée. Les traditions des anciens de ce village prétendent que 60 hectolitres de vin ou 9,600 litres suffisaient à peine aux besoins des assistants pendant ces deux jours (*IIe Partie, Note* 24).

Ces assemblées bruyantes du moyen-âge, mondaines et religieuses, réunissaient à la variété des costumes celle des personnes; elles avaient lieu en plein air, parmi les cabarets en planches, en paille et en ramée, le long des haies, dans les landes et sous les tentes. Là, se rassemblaient pêle-mêle, les aveugles, les boîteux, les malades, les paralytiques, les étrangers, les paroissiens, les pélerins, les voyageurs, les sonneurs de vèses, les marchands de chapelets, de médailles et de scapulaires. Puis une foule de mendiants (*IIe Partie, Note* 25), hommes, femmes, enfants, vieillards, sortis de tous les coins de l'Anjou, de la Bretagne et du Poitou, accouraient implorant la générosité des assistants et surtout la protection de Notre-Dame de Bois-Garand, cette bienheureuse patronne qui guérit l'infirme et console l'affligé. Au sein de cette foule, sans cesse descendant et remontant sans cesse l'unique rue du village, on distinguait les chants joyeux des buveurs, les voix plaintives des malades, les accents mélancoliques des infirmes et les monotones cantiques des pélerins, et ces voix confuses, en montant se perdre sous la voûte du ciel, semblaient implorer les bénédictions du Créateur.

Si, d'après la défense épiscopale, l'assemblée ou le pardon et la foire ont été interdits, il n'en est pas ainsi des pélerinages. Ils n'ont pas discontinué dans quelques-unes des paroisses des alentours où la piété des fidèles est loin de diminuer. Car le nom de la Vierge, cette souveraine des Cieux, sur tous les points de la Bretagne, est resté en grande vénération depuis les premiers temps du Christianisme jusqu'à nos jours.

Cependant, on doit remarquer qu'aux idées religieuses du Christianisme, les habitants et les pèlerins ont conservé encore, par tradition, quelques-unes des coutumes du paganisme. Par exemple quand les pèlerins viennent implorer la protection de la Vierge pour la santé des hommes et des femmes, pour la conservation et la prospérité des bestiaux (*IIe Partie, Note* 26), la naissance des enfants (*IIe Partie, Note* 27), l'abondance des récoltes, ils ont toujours soin de déposer quelques modiques offrandes sur les autels. Ce sont des piécettes de monnaies ou un petit sachet de froment, de blé-noir ou d'orge, de seigle ou de millet (*IIe Partie, Note* 28). Quelquefois encore les jeunes filles se glissent mystérieusement dans le sanctuaire, et déposent des épingles rangées en croix aux pieds de sainte Emérance, don intéressé, pour obtenir, à ce qu'on assure, un mari et un heureux mariage (*IIe Partie, Note* 29). Jadis les marins échappés aux naufrages et aux périls de la mer, s'acheminaient silencieusement, le chapelet à la main, *revêtus en corps d'une longue chemise blanche, tête nue et pieds déchaux,* pour l'accomplissement des vœux à Notre-Dame, à cette brillante Etoile des mers, cette patronne du nautonnier; vœux promis à l'instant du danger. Un petit navire, armé de toutes pièces et pavoisé de tous ses drapeaux, est suspendu à un léger cordonnet de chanvre qui est attaché à la voûte. C'est l'œuvre, dit-on, consacrée, d'un pauvre matelot, natif des rives du bas de la Loire, père d'une nombreuse famille, sauvé d'un naufrage, après la promesse d'un vœu, sur les côtes de Bretagne.

Le gardien de cet Oratoire fait remarquer ordinairement deux béquilles en bois, déposées à l'angle du mur dans le chœur, à gauche de l'autel; et il nous a raconté qu'elles ont été déposées dans ce sanctuaire par une jeune paysanne paralytique, venue en charrette et qui est retournée lestement à pied dans sa chaumière, et guérie, dit-on, après de ferventes prières et l'accomplissement d'un vœu promis à Notre-Dame de Bois-Garand, en 1846.

Vers la fin du XVIIIe siècle, on conservait encore, dans la sacristie, plusieurs monceaux de boulets en fer de différentes grosseurs, projectiles que les habitants assuraient avoir été tirés par les troupes anglaises, commandées par le comte de Buckingham, sur la Chapelle, en s'éloignant devant Amaury de Clisson, qui avait forcé les troupes étrangères à lever le siége de Nantes en 1381 (*IIe Partie, Note* 30), après diverses attaques restées sans succès pendant trois mois et vingt jours. Ces boulets avaient été ramassés autour de la Chapelle et déposés dans la sacristie par les habitants, qui attribuaient la conservation de ce monument à Notre-Dame, patronne du Prieuré. Depuis ces temps reculés, on gardait précieusement ces boulets comme la preuve d'une protection toute divine; mais en 1793, ils furent chargés dans une charrette à bœufs et transportés à l'arsenal du Château, à Nantes. Ces bons villageois étaient persuadés que la volonté de Dieu ayant détourné les armes dirigées contre la Chapelle, cette volonté devait également en empêcher le transport hors de la sacristie. En effet, la charrette attelée de deux bœufs s'embourba profondément au passage du ruisseau le Rieux, et il paraissait impossible de la retirer. Mais le chef de cette expédition mit immédiatement en réquisition trois autres attelages de bœufs, et de suite la charrette roula, emportant vers Nantes les boulets anglais.

Suivant une très-ancienne tradition fort en crédit chez eux, les habitants prétendent que parmi les nombreux ermites qui ont habité sur ce *Prieuré,* il en était un, il y a plusieurs siècles, qui vivait retiré au sein des ruines de l'ancienne Chapelle, sur le jardin nommé l'Ermitage, où il est mort en odeur de sainteté. La vénération envers ce pieux personnage était si grande, que les Bois-Garandais ont fait inhumer, à leurs frais, le corps dans la Chapelle, relevée par François II, à peu de distance du grand-autel (*IIe Partie, Note* 31). Une simple pierre tombale, en granit, de deux mètres en longueur, au niveau des dalles, indique encore ce lieu funèbre. Le nom, que l'on dit *illustre, est toujours resté ignoré.* Quel est donc ce mystérieux personnage?... Serait-ce quelque noble pénitent qui, par un repentir de tous les jours, aurait voulu expier les erreurs de sa vie?... On se perd en conjectures!... Enfin, quel qu'il soit, gardons-en le souvenir précieusement; mais respectons la volonté du *saint ermite* de Bois-Garand (*IIe Partie, Note* 32).

Parmi ces bons habitants, une profonde vénération pour la Chapelle du Prieuré s'est perpétuée d'âge en âge. On peut en juger par le fait suivant. Les fabriqueurs et les notables de Sautron, dans les premières années du XVIIIe siècle, prirent une délibération à l'effet d'établir une procession de l'église de Sautron à la Chapelle du *Prieuré,* le premier dimanche de chaque mois, et fondèrent une messe chantée à perpétuité tous les vendredis, et ce saint office eut lieu sans interrompre le service ordinaire du chapelain. La procession et la messe ont continué jusqu'en 1790 (*IIe Partie, Note* 33).

En commémoration du vœu de Louis XIII, il y a une procession le 15 août, après vêpres, de Sautron à Bois-Garand. Cette cérémonie imposante réunit encore les populations des paroisses voisines. Mais l'honneur de porter la bannière et la croix, cet honneur recherché avec un zèle extrême, devient fréquemment le sujet de rixes violentes entre les Sautronais et les habitants des paroisses voisines, malgré la présence de l'autorité civile et de la force armée.

Cet Oratoire, monument relevé au XVe siècle, est en général assez bien conservé, sous le rapport architectonique, pour l'époque actuelle, sauf le lambris, les vitraux, la tribune ducale, qui exigent de promptes réparations. Depuis 1862, ont été faites les réparations qui suivent: le nivellement du cimetière, celui de l'intérieur de la Chapelle, le dallage dans l'intérieur; les granits formant cintre en ogive, à l'entrée des deux petites nefs, ont été piqués avec soin, et les pierres en granit se détachent les unes des autres par des lignes légères de ciment jaunâtre. Un tableau formant rectangle (siècle Louis XV) est replacé devant le grand-autel, où il représente la Visitation de la Vierge.

On prétend que Son Excellence M. le ministre de l'intérieur doit confier aux artistes les plus habiles et aux écrivains les plus distingués, le soin de transmettre à nos descendants les dessins, les monographies et les plans des monuments historiques et religieux de tous les âges, élevés sur le sol de la France. Nous espérons qu'au nombre des œuvres de cette belle et immense collection figurera cette Chapelle, ce modeste Oratoire, jadis caché au fond des bois, réédifié à plusieurs reprises, et enfin relevé au XVe siècle par le dernier de nos ducs. C'est un des objets de la vénération bretonne, depuis plus de dix siècles; c'est un remarquable monument historique pour nos contrées et qui mérite d'être conservé, comme souvenir de la piété de nos pères.

Le chemin encore abrupte qui remonte du Prieuré à la grande route de Nantes à Audierne, entre les bornes kilométriques 12e et 13e, réclame comme décors une ligne de sapins de chaque côté formant avenue, avec une croix monumentale à la jonction des deux voies. Ces grands arbres toujours verts, et le monolithe en granit, indiqueront mieux que tout autre signe ce chemin, le chemin qui conduit au grand village.

Autrefois, on disait la messe tous les jours dans la Chapelle du Prieuré, au milieu du concours des étrangers, des fidèles et des pélerins. Alors, le chapelain habitait l'antique manoir, auprès du cimetière. Les pélerins étaient admis, dans l'hébergement, sous la protection des ducs, et reçus gratuitement le jour et la nuit. Mais à présent le manoir est inhabité, l'hébergement est fermé; tout est désert aux environs, et le silence qui règne sur tous les points de cette morne solitude n'est pas interrompu, comme jadis, par le tintement répété de l'*Angelus* (*IIe Partie, Note* 34), le matin et le soir, et sur le midi.

Le service divin n'est plus célébré que le 2 juillet, le 15 du mois d'août, le 8 septembre et aux fêtes des Rogations, sinon quelquefois sur la semaine par MM. nos desservant et vicaire, venant chanter des messes recommandées, ou venant en procession pour invoquer la protection de la Vierge, cette grande Protectrice de la France, en faveur de la prospérité des récoltes, ou des pieuses intentions des fidèles et des pélerins. Cet office est annoncé, ordinairement, dès le lever du soleil, aux villageois des hameaux voisins, par les tintements répétés de la cloche de la Chapelle (*IIe Partie, Note* 34). Souvent quelques saintes femmes quittent leurs foyers, accompagnées de leurs jeunes enfants qu'elles conduisent par la main, et viennent unir leurs ferventes prières à celles du vénérable pasteur et des pénitents.

Chroniqueur de cet antique Prieuré et de ses annexes et dépendances, nous croirions avoir manqué notre but si nous terminions ici nos études et nos recherches; mais, enrichis de documents précieux, extraits des aveux, des chartes, des légendes, des traditions, nous compléterons cette monographie par l'addition du nom des dames, issues des plus illustres maisons de l'Anjou et de la Bretagne, qui ont été élues abbesses du Ronceray, et dont seize avaient porté préalablement le nom de Prieures de Notre-Dame de Bois-Garand.

A ces seize noms, tels que nous les avons recueillis parmi les chartes du Cartulaire du Ronceray, en dépôt aux archives départementales à Nantes, nous ajouterons les noms des vénérables dames abbesses, tels qu'ils sont consignés par ordre chronologique dans le *Gallia Christiana*, les Annales de l'ordre de saint Benoist, par Dom Mabillon, les Archives de l'Anjou et la France chevaleresque et chapitrale de l'an 1786 :

Liste, par ordre chronologique, des dames Abbesses du Ronceray, et des dames Prieures de Notre-Dame de Bois-Garand.

1038 Lieburgis, *alias* Leoburgis (Dom Lobineau, Dom Morice, Hist. Bret. ; Ann., Dom Mabillon ; Gallia Christiana, Cartul. Ronceray).

1046 Bertrada (Ann., Gall. Christiana).
1060 Belliardes (Ann., Gall. Christ.).
1078 Richeldis (Ann., Gall. Christ.).
1119 Tiburgis (Ann., Gall. Christ.).
1122 Mabilia (Ann., Gall. Christ.).
1126 Hildeburgis (Ann., Gall. Christ.).
1136 Aldeburgis (Ann. de Dom Mabillon).
1148 Amelina de Cholet (Ann., Gall. Christ.).
Heremburgis (Ann. de Dom Mabillon).
1161 Orsandis (Ann. d'Anjou).
1163 Emina de Laval (Ann., Gall. Christ.).
1185 Hersendis I (Ann., Gall. Christ.).
1209 Hersendis II (Ann., Gall. Christ.).
1217 Theophania I (Ann., Gall. Christ.).
Orcades (Ann. Dom Mabillon).
Agnès I (Ann., Gall. Christ.).
1230 Maria de Beaumont (Gall. Christ.).
1255 Alais de la Roche (Ann., Gall. Christ.).
Lacune, 125 *ans.*
1380 Théophania II (Ann., Gall. Christ.).
1383 Jehanne de la Barre (Cartul. du Ronceray).
1392 Marguerite de la Rabinais (Cartul. du Ronceray).
Isabelis de Ventadour (Gall. Christ.).
1419 Agnès II (Gall. Christ.).
1424 Marguerite de Coesmes (Gall. Christ.).
1430 Agnès de la Riboule (Cartul. du Ronceray).
1455 Alienor de Champagne (Gall. Christ.).
1456 Renée Sarrasin (Cartul. du Ronceray).
1459 Philippe du Bellay (Gall. Christ.).
1486 Catharina de la Trimouille (Gall. Christ.).

1493 Reneta Sarrasin (Gall. Christ.).
1497 Anne-Renée de la Porte (Cartul. du Ronceray).
1499 Catharina de Tonnerre (Gall. Christ.).
1508 Isabellis de la Jaille (Gall. Christ.).
Jehanne de la Jaille (Cartul. du Ronceray).
1512 Françoise du Bois (Cartul. du Ronceray).
1519 Françoise de la Chapelle (Cartul. du Ronceray).
1523 Renée de Villiers (Cartul. du Ronceray).
1530 Francisca de Launay (Gall. Christ.).
1535 Anna de Montmorency (Gall. Christ.).
1554 Johanna de Maillé (Gall. Christ.).
1557 Madeleine de Villiers (Cartul. du Ronceray).
1573 Yvona de Maillé (Gall. Christ.).
1589 Simona de Maillé (Gall. Christ.).
1600 Gabrielle de Cheritte (Cartul. du Ronceray).
1639 Madeleine de Maillé (Cartul. du Ronceray).
1649 Yvona de Maillé (Gall. Christ.).
1655 Antoinetta du Puy (Gall. Christ.).
1669 Charlotte de Grammont (Mém. Anjou, Miromenil).
1682 Marie de la Barre de Saulnay.
1708 Louise du Boëssic de la Chouppe (Cartul. du Ronceray).
1725 Marie-Gabrielle de Bautru de Vaubrun (Cart. du Ronceray).
1759 Marie-Anne de Vaugiraud (Cartul. du Ronceray).
1764 Jeanne-Charlotte-Renée-Céleste de Farcy de Cuillé (Cartul. du Ronceray).
Anne-Marie-Louise de Bethune de Castelmoron (Descript. de l'Anjou par Péan de la Taillerie).
1786 Léontine d'Esparbez de Lussan Bouchard d'Aubeterre (France chevaleresque et chapitrale en 1787, Paris).

Noms des dames Prieures de Bois-Garand d'après la précédente liste des dames Abbesses du Ronceray d'Angers.

.... Noms restés inconnus.

1383 Jehanne de la Barre.

1392 Marguerite de la Rabinais.

1430 Agnès de la Riboule.

1456 Renée Sarrasin.

1497 Anne-Renée de la Porte.

1508 Jehanne de la Jaille.

1512 Françoise du Bois.

1519 Francisca de la Chapelle.

1523 Renée de Villiers.

1600 Gabrielle de Cheritte.

1639 Madeleine de Maillé.

1667 Marie de la Barre de Saulnay.

1708 Louise du Boëssic de la Chouppe.

1725 Marie-Gabrielle de Bautru de Vaubrun.

1759 Marie-Anne de Vaugiraud.

1764 Jeanne Charlotte-Renée-Céleste de Farcy de Cuillé.

Autre liste des dames Prieures d'après les documents de M. Paul Marchegay.

1365 Jehanne le Maire.

1392 Marguerite Rubinarde.

1411 Agnès Riboule.

1434 Aliénor de Champagne.

1455 Renée Sarasin.
1460 Renée de la Porte.
1472 Renée Sarasin.
1512 Françoise du Bois.
1517 Renée de Villiers.
1540 Magdeleine de Villiers.
1592 Françoise de la Coustardière.
1594 Gabrielle de Cheritte.
1636 Magdeleine de Maillé.
1667 Marie de la Barre de Saulnay.
1710 Gabrielle de Vaubrun.
1765 Jeanne-Charlotte-Céleste de Farcy de Cuillé.

Autre liste chronologique des dames Abbesses du Ronceray d'Angers, d'après le Gallia Christiana, *t. XIV, par Barthélemy Hauréau. — Imprimerie Didot frères,* 1856.

1028 Léoburgis 1
Bertrada. 2
1062 Belliardis 3
HILTRUDIS. 4
1073 Richeldis 5
1104 Telburgis 6
1120 Mabilia 7
1125 Andeburgis vel Hildeburgis. 8
1136 Théophania I. 9
1142 Amelina vel Emma de Cholet 10
1145 PETRONILLA 11
Orzandis vel Hersendis. 12

Ces deux listes des dames Abbesses offrent des variantes : les noms omis dans la première sont mis en petites majuscules dans la seconde. Nous n'osons nous permettre de trancher par nous-même ces délicates et graves difficultés.

Le Prieuré et ses dépendances, depuis 1790, ayant cessé d'être annexés à l'abbaye du Ronceray, furent réunis, comme avant le XIe siècle, à la commune de Sautron, dont ils font partie jusqu'à ce jour.

Déjà soixante-quatorze ans se sont écoulés, et, cependant, ce lieu si vénéré de nos pères conserve encore une teinte particulière sur chaque point du paysage. Ici, tout rappelle aux regards les anciens temps, les hommes parlant encore un langage grave et naïf, les femmes aux larges et modestes vêtements, les mœurs douces et pures, les habitations imitant les chaumines du servage; la Chapelle blanchie par le souffle des siècles; le manoir du chapelain, aux armoiries bistrées par les pluies et les vents; l'hébergement resté désert, jadis l'asile des pélerins, et la vieille fontaine toujours limpide, où le duc avait coutume d'abreuver son puissant coursier avant de partir pour la chasse.

A l'Orient, c'est la forêt de Sautron, devenue un chétif fouillis de cette antique forêt, si célèbre dans nos chroniques par le séjour des druides.

Au Sud, c'est la fertile coulée du Rieux.

Au Nord, c'est le Buron (*IIe Partie, Note* 35), cet antique château des Rohan, des Sévigné !... parmi les chênes et les sapins, élevant ses tourelles au-dessus de cette ondoyante verdure, au milieu de cette solitude tout émaillée de l'or des ajoncs et de la pourpre des bruyères.

Puis, vers l'Occident, c'est le manoir du Bois-Thoreau, jadis au centre d'un vieux parc aux murs crénelés qu'ombrageaient les chênes séculaires; ce manoir où le prince, accompagné de chasseurs, de piqueurs, d'archers de la garde, et entouré de jeunes seigneurs, reposa quelques instants, la veille de sa mort.

Dernier de nos ducs, ô François II, illustre bienfaiteur de cette antique chapelle, que la terre te soit légère!... que tes erreurs s'effacent devant Dieu, en raison de tes mérites et de la prospérité que tu as léguée à cette province pauvre, inculte, en lui laissant pour souveraine ta fille bien-aimée, la jeune Anne, deux fois reine de France, et dont le souvenir, dans la mémoire des hommes, durera aussi longtemps que dans les annales du grand Royaume, qui ne cessa d'admirer sa beauté et sa sagesse, et que la bonne duchesse sut charmer par de nombreux bienfaits et embellir par l'éclat de ses royales vertus !

Antique village de la Garenne, adieu ! Adieu, moderne Bois-Garand !... Lieu si cher à tous et si vénéré de nos pères, adieu... Que les pieux souvenirs, ces douces réminiscences du moyen-âge, puissent se transmettre de génération en génération jusqu'au dernier de nos descendants !...

Aux Croix, 8 *septembre* 1864.

Une simple mention de cette monographie a été insérée dans l'*Athenæum* du 8 juillet 1854, imprimé à Paris, c'est-à-dire à l'époque où parut une légère esquisse de cette monographie, encore peu développée et sans notes ni preuves à l'appui.

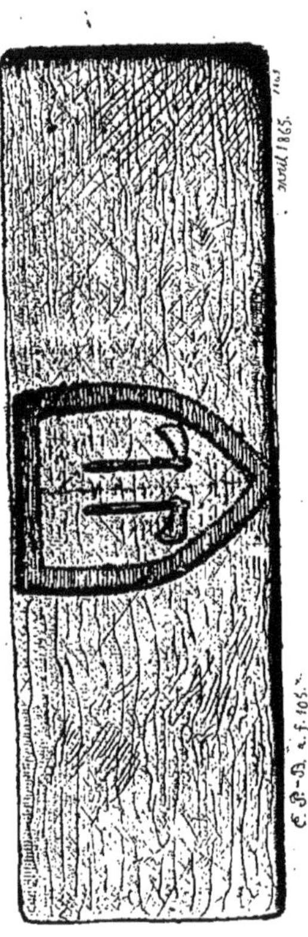

DEUXIÈME PARTIE.

NOTES, PREUVES ET TITRES.

NOTES.

NOTE 1.

Armoiries parlantes, au village de Bois-Garand, sur le linteau en granit de la porte de la maison de Pierre Audren. (Voir le dessin ci-contre.)

NOTE 2.

Conservation des temples du paganisme.

Suivant les commandements du pape Grégoire-le-Grand, au VIe siècle, il faut s'abstenir de détruire les temples qui contiennent des idoles, mais seulement il faut renverser les idoles et les remplacer par les *images du vrai Dieu et les statues des saints.* Nous devons donc à ce pape illustre l'ordre d'élever des églises sur les lieux mêmes où s'élevaient jadis les temples du paganisme et les monuments des druides.

NOTE 3.

Légende sur la forêt de Sautron, an 1026.

C'est vers cette époque que l'on rapporte l'histoire d'un serpent monstrueux, qui dévorait les passants et les voyageurs, dans la forêt qui s'étendait depuis le château de Sesmaisons (la Saulsinière) jusqu'à Sautron. Trois chevaliers, dont la tradition n'a pas conservé le nom, attaquèrent ce monstre; l'un d'eux fut dévoré par lui, mais les deux autres le tuèrent. On rapporta le corps en triomphe et processionnellement. L'évêque fit détacher les ossements de la mâchoire et les renferma dans une boîte d'argent, qui fut déposée dans le trésor de la cathédrale, où nos pères les voyaient encore, à ce qu'on affirme, en 1773.

En mémoire de cet événement les habitants de Nantes firent bâtir la *chapelle de Miséricorde* sur le point où les deux chevaliers remportèrent la victoire. Ce combat fut retracé sur les vitraux de la chapelle avec cette inscription rimée :

« UN ROI DESSUS UN BLANC CHEVAL
» TIRE L'ARC POUR FAIRE MAL,
» UN AUTRE SUR UN CHEVAL ROUX
» TIRA L'ÉPÉE TOUT EN COURROUX,
» L'AUTRE SUR UN CHEVAL NOIR
» VIT LA MORT ET L'INFERNAL MANOIR. »

Il est inutile de dire que la certitude de cet événement ne repose que sur la tradition populaire. (*Annales de Nantes,* par F.-C. Meuret, 1837, chez Suireau, libraire, tome I, page 95.)

Cette chapelle, dans la partie Sud-Est de la forêt de Sautron, était placée sous le vocable de la Sainte Vierge Notre-Dame de Miséricorde, à l'Est du lieu où existe le cimetière actuel de ce nom. Renversée en 1793, elle n'a pas été rétablie. La statue de la Vierge a été transportée dans l'église de Saint-Similien, où se continuent tous les ans les neuvaines ou pélerinages, depuis l'Ascension jusqu'à la Pentecôte.

Vers le Ve ou VIe siècle, la ville de Nantes, mieux la cité gallo-romaine, était environnée de forêts ; au Nord, la forêt de Sautron, la forêt de Blain, la forêt d'Héric ; à l'Est, la forêt d'Ancenis, la forêt du Cellier ; au Sud, la forêt de Touffou, *alias* la forêt de Bougon ou la forêt Nantaise.

NOTE 4.

Les originaux en parchemin des chartes de 1038, 1039, 1128, roulés sur des bâtons de cinquante centimètres de longueur, sont conservés avec soin parmi les manuscrits les plus curieux de la bibliothèque d'Angers. (Dom Lobineau, *Histoire de Bretagne ;* Dom Morice, *Histoire de Bretagne,* tome IIe ; *Preuves,* 3e livre, page 112 ; Paul Marchegay, *Archives d'Anjou,* tome III, pages 257, 258.)

NOTE 5.

Fondation d'une abbaye à Aindre, vers cette époque, Ve siècle. (*Géographie de la Loire-Inférieure,* par MM. Armand Guéraud et E. Talbot.)

NOTE 6.

Saint-Cyr et Sainte-Julitte possédaient en outre la moitié des moulins, des écluses et des pêcheries sur l'Erdre, en face du monastère. C'était un don de Jarnogon et d'Ansger, son épouse. Un autre don, tout aussi important, consistait en moulins, champs et vignes. Ce don fait par Constantin Mulnierus et Lagardis, son épouse, avec la condition d'être inhumés tous les deux dans le cimetière de Saint-Cyr. Puis une vente faite au monastère d'un clos de vignes et prés sur le bord de la rivière d'Erdre, avec rente au terme de Saint-Cyr, mais avec la condition expresse que les donateurs feraient à leur compte la récolte des foins, la béchure de la vigne et les travaux de la vendange.

NOTE 7.

Les Bénédictines (ordre de saint Benoist) furent établies en France, vers le milieu du VIe siècle. Le premier moustier fut fondé, en 544, par sainte Radegonde, reine de France, femme de Childebert Ier. Ce fut l'abbaye de Sainte-Croix de Soissons. Les dames bénédictines possédaient 116 abbayes à l'instant de la Révolution de 1789.

Note 8.

Archives d'Anjou, par M. Paul Marchegay, IIIe partie, page 262, *Cartularium B. Mariæ Caritatis.*

De Prugniaco, Chalcon et monasteriis, charte 427. *Notitia de constructione et donatione ecclesiæ Prugniacensis.*

A une époque indéterminée, entre les années 1073 et 1104, Richeldis étant abbesse de Notre-Dame de la Charité d'Angers, une noble dame, agréable à Dieu, nommée Adhénore, fonda au bourg de Prugné, plus tard nommé le bourg de Saint-Pierre des Moustiers, au pays de Retz, une église dédiée à la Sainte Vierge, plus tard érigée en prieuré et donnée à l'abbaye du Ronceray, où était religieuse sa fille, comme elle nommée Adhénore. Cette charte, avec détail, est signée des noms suivants des témoins : Godefroy, Guerra, Pepin et Albin, ses neveux; Guillaume et Urvoi, ses neveux; Odelin, Giraud de Saint-Philbert; Robert, prêtre; Hervé, chapelain; Guillaume, son clerc; Evan, prêtre; Simon Berne, Bruno, son cousin; Jarnegon, garde des bois; Goscelin, fils de Seguin, Goscelin, et Jean et Giraud, charpentiers; Paganus, esclave; et d'autre part, Geoffroi, Martin, Hugo de Saint-Laud, Bernard, tonsuré; Godefroi, prêtre; Babin, clerc; Guillaume de Loches, Gauthier Leroux. R. I, c. 91.

Dans cette pièce, nulle mention de la réunion du monastère de Saint-Cyr et Sainte-Julitte avec le Prieuré de Notre-Dame de Bois-Garand au prieuré de Sainte-Marie du bourg des Moustiers. Cependant le savant abbé M. Auguste Gautier, auteur du *Pouillé de l'évêché de Nantes,* mentionne qu'en 1287, Saint-Cyr et Sainte-Julitte et le Prieuré de Notre-Dame de Bon-Garand, étaient réunis à cette époque au prieuré de Sainte-Marie du bourg des Moustiers; de son côté, notre laborieux compatriote, M. l'archiviste d'Angers, Paul Marchegay, fixe la réunion de Saint-Cyr et Bois-Garand au prieuré du bourg des Moustiers, vers l'an 1324, par ordre de l'évêque de Nantes. En l'an 1383, il existe un acte d'arrangement entre la dame Jehanne de la Barre, prieure des Moustiers, et les habitants de Bois-Garand, au sujet des droits de terrages dus au prieuré de Sainte-Marie du bourg des Moustiers, en Retz.

Au bourg des Moustiers, il y avait trois prieurés de l'ordre de Saint-Benoist, et une vicairie perpétuelle:

1° Prieuré de Saint-Pierre, pour les hommes; il relevait de l'abbaye de Saint-Sauveur de Redon; revenu . . . . 750 livres.

2° Prieuré de Saint-Jacques, pour les hommes; il relevait de Saint-Nicolas d'Angers; revenu 100

3° Le prieuré de Sainte-Marie, pour

A reporter. . . . 850 livres.

Report	850 livres.
les femmes; il relevait de l'abbaye du Ronceray d'Angers; revenu..	1,800
4° Vicairie perpétuelle de Saint-Pierre, relevait de l'abbaye de Saint-Sauveur de Redon; revenu.........	500
TOTAL DES QUATRE...	3,150 livres.

La signature de Pierre Abélard, abbé de Saint-Gildas de Rhuys, est au pied de cette charte, parmi celles des personnes attestant les intentions du duc. (Charte, année 1128, *Histoire de Bretagne,* Dom Lobineau, tome II, *Preuves.*) On remarque encore quelques bâtiments de cette abbaye auprès de l'église de la Trinité d'Angers. Les cours, les corridors, les galeries, les dortoirs, les salles et la chapelle indiquent suffisamment l'ancienne splendeur de la maison. Sur une portion de terrain, l'administration municipale a fait élever un vaste édifice destiné aux Arts-et-Métiers. Chaque jour, des maîtres nombreux donnent des leçons à deux cents jeunes gens de quinze à dix-huit ans. C'est un des beaux établissements en ce genre qui existent en France.

NOTE 9.

L'Abbaye de Sainte-Marie de la Charité d'Angers, plus connue sous le nom de l'Abbaye du Ronceray.

Cette abbaye était regardée comme l'une des communautés de femmes les plus riches dans les temps anciens. Ses domaines étaient considérables, comme on le verra ci-après, et les revenus évalués à une somme de 18,000 livres, somme équivalente pour l'époque actuelle (1865) à dix fois cette valeur, ou 180,000 francs de revenus.

Abbaye du Ronceray, annexes et dépendances, d'après le Pouillé des bénéfices dépendants de Notre-Dame du Ronceray d'Angers.

Le prieuré de Sèches.

Le prieuré de Saint-Lambert du Lattay.

Le prieuré du Plessis.

Le prieuré d'Aveniers.

Le prieuré de Court-Hamon.

Le prieuré du bourg des Moustiers. Ce prieuré comprenait le monastère de Saint-Cyr et Sainte-Julitte de Nantes, avec le prieuré de Notre-Dame de Bois-Garand, en Sautron et en Vigneux.

Les quatre chanoinies prébendes de la Trinité.

Les quatre cures de ladite église, puis celle de Saint-Jacques.

La cure de Doulay.

La cure et chapelle de Saint-Lazare-lez-Anges.

La cure de Saint-Michel de Genis.

La cure de Rochefort.

La cure de Saint-Lambert du Lattay.

La cure de Sainte-Foy.

La cure de Saint-Germain-des-Prés.

La cure de la Poitevinière.

La cure de la Jubaudière.
La cure de Breuvignay.
La cure de Lorville.
La cure de Sèches.

AU DIOCÈSE DU MANS.

La cure de Bonchamp.
La cure de Davernière.
La cure de Souvigné.
La cure de Mars.
La cure de Saint-Lambert de Nantes.
Les chapelles que la dame abbesse confère *pleno jure*.
La chapelle de la Comtesse.
La chapelle du Puits en Sault.
La chapelle de *Requiem*.
La chapelle de Notre-Dame des Oo.
La chapelle de Salut.
La chapelle de l'Anchenau.
La chapelle du Cœur-de-Roi.
La chapelle de Saint-Gatien.
La chapelle de la Chaveu.
La chapelle de Saint-Gauthier.
La chapelle de Grigne-Folie.
La chapelle du Petit-Bancheneau.
La chapelle de la Fillette.
La chapelle du clos Rallay.
La chapelle de la Tardive.
La secrétairerie de Saint-Laurent.

La chapelle de Saint-Hervé en la présentation de la doyenne et du receveur et collecteur de la dame abbesse.

La chapelle de Saint-Barthélemy en la présentation de la dame abbesse et collation de chanoines.

La chapelle de Saint-Benoist en la présentation de la secrétairerie en collation de ladite dame abbesse.

La chapelle de la Dynerie en Rochefort.

La chapelle du Beaulieu de Saint-Laurent.

Le sieur Saint-Thomas de Marcheroul.

La dame Saint-Thomas de Marcheroul, en Marchelas.

RÉCAPITULATION :

Prieurés...............	7
Prébendes de chanoines....	4
Cures.................	21
Chapelles	20
Secrétairerie............	1
TOTAL DES DOMAINES...	53

Ces notes sont extraites du Pouillé général contenant les bénéfices de l'archevêché de Tours et diocèses d'Angers, Dol, Quimper-Corentin, le Mans, Nantes, Rennes, Saint-Brieuc, Saint-Malo, Saint-Pol-de-Léon, Tréguier, Cornouailles, Vannes, avec aussi les abbayes, prieurés, doyennés, chapitres, cures, chapelles, maladreries et hôpitaux desdits diocèses, commanderies, leurs dépendances, patrons et collecteurs, le tout selon les Mémoires pris sur les originaux desdits diocèses et requêtes du clergé de France, ainsi qu'il a été ordonné en l'Assemblée de Mantes, l'an 1641, et de ceux des avertissements faits par commandement du roi. A Paris, chez Gervais Alliot, *au Balais,* in-quarto, avec privilége du roi, an 1638, devant la chapelle de Saint-Michel.

Abbaye du Ronceray au diocèse d'Angers.
Cure de Saint-Léonard.
Prieuré de Sainte-Marie du bourg des Moustiers.
Chapelle de Saint-Hervé du bourg des Moustiers.
Chapellenie de Saint-Thomas.
Prieuré de Bois-Garand en Sautron (titre de 1287).

(Pouillé du diocèse de Nantes, par M. Auguste Gautier, vicaire à Moisdon, arrondissement de Châteaubriant, Loire-Inférieure).

NOTE 10.

Voyez plus bas, dans l'*aveu* de la dame de la Barre de Saulnay, p. 105, l'indication des dépendances du Prieuré de Bois-Garand dans la paroisse de Vigneux. — On remarquera que, pour ces noms de lieux, l'orthographe de l'aveu, fort mauvaise en général, n'est pas toujours d'accord avec la nôtre, qui est celle d'aujourd'hui. Mais c'était un devoir de reproduire aussi exactement que possible cette pièce originale, et quelques autres du même genre, même avec toutes leurs irrégularités.

Note 11.

Noms des habitants du hameau, du Prieuré et du village de Bois-Garand, recueillis sur les chartes, papiers-terriers et titres authentiques.

En 1381, Guillaume Lasne; cette famille existe.

En 1411, Jehan Brossaud, René Mabit, Guillaume Audren, Jehan Denaud, Thomas Choimet, Guillaume Piou, Jehan Rousiou, Julien Pasquier; ces huit familles ne sont pas éteintes.

En 1471, Jehan Charette, recteur de la Chapelle du Prieuré de Notre-Dame de Bois-Garand; nom éteint, il est vrai, dans la commune, mais non pas dans le diocèse.

En 1481, Martin; famille non éteinte.

En 1535, Guillaume Allain, Jehan Desmortiers; familles encore existantes.

En 1539, Noël Deniaud, Jehan Guichard; familles existantes.

En 1575, Jehan Chatellier, Julien Civel; familles non éteintes.

En 1586, Pierre Viaud; famille existante.

En 1594, Charles Alusson, Paillusseau; familles existantes.

En 1600, Lucas Ducoin; famille existante.

En 1639, Pierre Menet, Pierre Redor; familles existantes.

Total, vingt-trois familles anciennes qui ont des représentants, du sexe masculin, au hameau du Prieuré, dans le grand village du Bois-Garand et sur plusieurs points de la commune de Sautron.

Les habitants de cet antique village ont conservé, entr'autres coutumes, l'usage de se marier entre parents, cousins, cousines, jusque vers 1800. Aussi les noms se sont facilement conservés, notamment depuis le XIVe et le XVe siècle, et les biens sont restés dans les mêmes familles. Ces coutumes avaient lieu jadis parmi les serfs, et leur conservation, en cette localité, est pour nous une preuve que cette population doit son origine aux serfs attachés au service du fief et domaine de Notre-Dame de Bois-Garand. Et cette origine, suivant notre opinion, doit être antérieure au XIe siècle, qui est l'époque de la fondation des Prieurés en France. (Cette note sur les familles est complétée par ce qui suit : le plus remarquable assurément, parmi cette antique population, est M. J.-B. Menet, entré au séminaire de Nantes, en 1812; admis en 1818, à Saint-Pétersbourg, dans la Société de Jésus; puis membre de la Propagande à Rome, et enfin envoyé, en 1846, parmi les missionnaires, dans les États de l'Amérique du Nord, au Sault de Sainte-Marie, où il a obtenu les plus grands succès parmi les propagateurs de la foi chrétienne, au sein de ces populations errantes. Après cinquante ans de travaux, il est à peine aux deux tiers de sa carrière. Honneur à ce digne enfant de Bois-Garand qui, sur la terre étrangère, n'a oublié ni son pays ni sa famille.)

(*Cartulaire du Ronceray,* en dépôt aux archives départementales à Nantes.)

Note 12.

Superstitions.

Les superstitions relatives aux arbres, aux étangs, aux fontaines, aux carrefours des chemins, au serpent, aux folets, aux lutins, régnaient en ces temps sur tous les points du pays, aussi bien dans les châteaux que dans les chaumières.

Note 13.

L'église de Saint-Cyr, *alias* Saint-Léonard, fut fondée en 490 par Budic, fils d'Audren. Le corps de ce prince a été inhumé dans le chœur, en l'année 509.

En l'année 1139, Conan III, duc de Bretagne, réforma quelques abus qui s'étaient glissés dans le monastère de Saint-Cyr et de Sainte-Julitte, et ce monastère fut érigé en paroisse sous le nom de Saint-Léonard, et la cure était présentée par l'abbesse du Ronceray, comme ancien monastère dépendant de son abbaye.

(Extrait du *Dictionnaire Historique, Géographique et Topographique du comté Nantais,* par Macé de Vaudoré, imprimerie C. Mellinet, Nantes, 1836.)

Note 14.

Ces ruines ne seront pas les seules. Il est à présumer que le chemin projeté par la voirie, à travers la partie occidentale du jardin de l'*Ermitage,* pourra produire de nouvelles preuves à l'appui de nos traditions villageoises.

« Nul orage, dit d'Argentré, nul tourbillon ne fut tel : villages, châteaux, églises, monastères, maisons, allèrent par terre, sans nul respect, tout fut massacré à souhait... Rollon étoit homme haultain et cruel et redouté guerrier, entre les plus vrais fléaux de Dieu, ne restant nul prince au pays pour le soutenir. » (D'Argentré, *Hist. de Bretagne,* page 131.) Invasions des Normands en 840, 853, 879, et surtout de 907 à 936.

Le comté de Nantes resta entièrement au pouvoir des Normands, depuis 907 à 936, et c'est pendant ces vingt-neuf ans qu'eurent lieu les plus grands ravages, destructions, incendies, en Bretagne, et principalement sur le comté et dans les environs de la ville de Nantes.

On présume que la Chapelle de l'*Ermitage* a été relevée au XIe siècle. (Charte, Dom Lobineau et Dom Morice.) Cette ancienne propriété de la famille Secretain appartient maintenant à M. Dufrène, président de la Cour impériale de Besançon, et depuis conseiller à la Cour de Cassation à Paris.

NOTE 15.

Sous le nom de *Forêt de Sautron,* une vaste forêt, jadis consacrée au culte des druides, s'étendait sur Couëron, Saint-Herblain, Orvault et Sautron, et s'avançait jusqu'aux portes de Nantes. Ces futaies, de diverses essences et de diverses hauteurs, portaient vulgairement le nom de bois. Il existe encore sur la commune de Sautron différents lieux qui ont conservé ces dénominations, bien qu'ils ne soient plus sous bois, tels que: les bois Marie, les bois Giraud, les bois Garand, les bois Thoreau, les bois de la Refoulière, les bois de la Massicotière, les bois de la Croix, les bois de la Haute-Forêt, les bois de la Cloutière, les bois de la Noue, les bois de la Pasquelais, les Grands-Bois, les bois du Barré, le bois des Guilleries, le bois du Bas, le bois du Haut, les bois Renaud et les bois de la Chevaleraie, etc., etc.

NOTE 16.

A l'Ouest du Prieuré de Bois-Garand, on aperçoit, dans la coulée du Rieux, le manoir du Bois-Thoreau (reconstruction de 1836), entouré de son parc antique. Ce manoir, rendez-vous de chasse que les ducs avaient fait construire solidement, servait à la fois d'asile et de lieu de repos, pour les nobles chasseurs, contre les intempéries de la saison, et c'était une retraite pour les piqueurs, les valets, les chevaux et les chiens et tous les équipages de la chasse à la grosse bête.

NOTE 17.

Pendant ces travaux (en 1824) il survint un événement très-singulier. Un fou, habitant dans un des villages voisins, la tête continuellement échauffée par la lecture des chroniques, des légendes et des récits religieux au temps des désastres des Normands et des Saxons, s'imagina, sans doute, que ces pillards du Nord étaient revenus au pays, avec le dessein de détruire la Chapelle. Il survint, tout bouillant de colère, armé d'un fusil, d'une hache et d'une serpe, pour empêcher la destruction de cet Oratoire ; il pénétra dans le sanctuaire. On entendit retentir plusieurs détonations d'armes à feu. Il mit en fuite les ouvriers, épouvantés d'une telle profanation, et ferma les portes. Puis, pour compléter cette œuvre chevaleresque, il se dirigea vers la forêt, marchant, disait-il, à la recherche du serpent qui dévorait les voyageurs, monstre qu'il voulait détruire et déposer aux pieds de l'autel de Notre-Dame de Bois-Garand... Mais l'arrivée du brigadier et de quelques gendarmes empêcha la suite de cette aventure, et le pauvre fou fut reconduit paisiblement dans sa chaumière parmi ses chroniques, ses légendes et ses vieux bouquins où il a continué de vivre, en ne cessant de croire à tous les récits plus ou moins véridiques de ces livres qui avaient causé sa folie.

Note 18.

Ogée, *Dictionnaire de Bretagne*, 2e édition, v°. Sautron, tome IIe, page 888.

Note 19.

(Non indiquée dans le texte, p. 25, mais se rapportant à ces mots : *D'un clocher pyramidal en bois.*)

La toiture de cette petite flèche a été réparée ou plutôt renouvelée, en 1860, mais sans que la forme primitive ait subi la moindre modification.

NOTE 20.

Suivant l'*Armorial de Bretagne*, par M. de la Grasserie, on croit que ces armoiries ont dû appartenir à une famille originaire de Normandie du nom de Michel, seigneur de la Michelière, de Belouzé, de Cambernon, du Port de la Chesnaie, du Chatelet, de Mont-Luchon et de Rafferville. Mais d'après le *Dictionnaire véridique des Maisons nobles de France*, par M. Laisné, successeur de Saint-Allais, ces armoiries seraient celles de la maison de Michel du Bouchet, famille d'une ancienne noblesse, originaire du Bourbonnais et transplantée (transmigrée) en Provence.

On ignore le nom du membre de cette famille qui a fait don de la statue, ainsi que de la date de la donation. Il est à présumer que c'est l'accomplissement d'un vœu, ou sinon une offrande en faveur du Prieuré.

Réparations de la chapelle en 1863. A l'automne dernier, quelques pans de murs, vers l'Ouest, s'étant fendillés, on a fait reprendre ces murs qui ont été recouverts d'un crépis de chaux. Puis les ouvriers ont enlevé les terres autour de la Chapelle. Le vieux cormier, le chêne et les autres arbres qui ombrageaient le cimetière ont été abattus. Devant la grande porte, les ouvriers ont retrouvé les traces d'une ancienne substruction, peut-être les débris de la Chapelle détruite au Xe siècle par les Normands, car on présume que la première Chapelle du Prieuré a dû être élevée sur le lieu nommé l'Ermitage, c'est-à-dire à l'Ouest de la chapelle relevée en 1464 par le dernier duc de Bretagne. Dans l'intérieur, un nivellement nouveau a remplacé l'ancien; ce qui donne un nouvel aspect à ce lieu vénéré. Mais il lui manque encore des vitraux coloriés et un lambris recouvert de fraîches couleurs azurées, parmi lesquelles figureraient avec éclat, comme jadis, la couronne ducale et les blanches hermines de Bretagne.

L'article *Sautron,* dans la première et dans la seconde édition du *Dictionnaire de Bretagne,* par Ogée, contient une erreur grave, qui a passé pour une vérité auprès des lecteurs. Il est urgent de la signaler et de la détruire. Ogée, ou mieux son secrétaire (M. Grelier), prétend que l'Oratoire ou Chapelle de Notre-Dame de Bois-Garand a été bâtie seulement en 1464 par François II, dernier duc de Bretagne. — Non! tombée en ruines, cette Chapelle a été relevée tout simplement. En 1038, Budic et son épouse Adoïs donnèrent le domaine et fief de Bois-Garand au *monastère de Saint-Cyr et de Sainte-Julitte* de Nantes, qui avait été détruit par les *Normands,* pour aider à ce *monastère* de femmes. A cette époque, XIe siècle, fut donc relevé le *Monastère,* et l'*Oratoire* des *Ermites* à Bois-Garand changé en *Prieuré.* Ces trois fondations, *Oratoire* des Ermites, *fondation du Prieuré, reconstruction du Prieuré* en 1464, sont indiquées par des preuves matérielles, telles que débris déterrés dans le cimetière autour de cet Oratoire, dans la sacristie et les environs pendant les travaux de 1863, sous la direction intelligente du vénérable M. Prosper Herbert, curé de la paroisse, assisté des conseils du vénérable et savant M. le chanoine Rousteau et de M. Échappé, cet habile peintre-verrier de la Bretagne, l'un des membres les plus distingués de la Société d'Archéologie de la Loire-Inférieure.

Il n'y a plus de doute : et les preuves sont déposées au Musée d'Archéologie à Nantes, où chacun peut les vérifier. Donc cette *chapelle,* bâtie en *quartorze cent soixante-quatre,* n'est qu'une *simple reconstruction.*

NOTE 21.

Après la bataille de Saint-Aubin du Cormier, qui livra la Bretagne à la merci de la France, François II s'éloigna de Nantes ; la ville était alors affligée de la peste. Il chercha le repos et la santé parmi l'air plus pur des champs ; accompagné des jeunes princesses Anne et Isabeau, il s'embarqua sur le fleuve et se retira au château de la Gazoire en Couëron, ce séjour chéri de ses pères. Là, ce prince crut rencontrer un adoucissement à ses soucis et un remède à ses maux en se livrant, comme jadis, à ces brillantes chasses, en compagnie des seigneurs et des dames, dans la forêt de Sautron. Mais une chute de cheval abrégea ses jours. Transporté d'abord au manoir du Bois-Thoreau, puis au château de la Gazoire, le duc décéda le 9 septembre 1488. Ses entrailles furent déposées à Couëron dans le chœur de l'église, et son corps transporté dans l'église des Carmes à Nantes, où fut élevé, par les soins d'Anne de Bretagne, ce remarquable tombeau, œuvre de Michel Colomb, et qui est aujourd'hui l'un des ornements de la cathédrale de Nantes.

Il n'existe plus de traces du château de la Gazoire, flanqué d'élégantes tourelles, qui dominait au loin le cours de la Loire. On prétend que ce féodal édifice s'élevait au centre d'un vaste parc, sur le point le plus culminant du champ de foire, à l'Est du bourg.

C'est comme souvenir, sans doute, que ce lieu, où l'on remarque çà et là quelques pans de vieux murs en gros blocs de granit, conserve encore, parmi ses habitants, le nom de *Parc-aux-Ducs*.

Note 22.

La croix processionnelle de la paroisse de Sautron, en argent, était remarquable par la beauté de ses formes, l'élégance des ornements et la finesse des ciselures. C'était, disent les vieillards, la croix la plus belle, dans toutes les processions des paroisses du diocèse, le 19 janvier, au temps jadis, traversant les Ponts, escortant l'énorme cierge, fabriqué en l'honneur de saint Sébastien, que Mgr l'évêque de Nantes allait déposer sur l'autel de l'église de Saint-Sébastien d'Aigne-les-Nantes, à l'effet de préserver la ville du fléau de la peste.

Sautron devait cette œuvre magnifique à messire Jacques Fremon, seigneur du Bouffay et des Croix, maire de Nantes en 1680.

NOTE 23.

La fête de la Visitation de la Vierge a été fondée, dans le monde chrétien, par le pape Urbain VI, en l'année 1374. (*Diction. histor.*, Cheruel, tome 2, page 1262.) Le concile de Bâle ordonna qu'elle serait célébrée dans toute l'Église, et qu'elle serait fixée au jour du 2 juillet.

NOTE 24.

La foire se tenait le 1er juillet à Bois-Garand. Suivant la coutume, les prieurés, même les plus petits, avaient des assemblées ou pardons et des foires dans leur voisinage. Ces réunions des fidèles ajoutaient toujours à la prospérité du lieu. Mais elles n'étaient pas quelquefois sans produire les plus graves inconvénients, et souvent l'autorité civile ou l'autorité épiscopale était obligée d'intervenir par nécessité.

NOTE 25.

On compte, en France, trois cent mille mendiants dans les temps ordinaires : mais ce nombre a plus que triplé vers la fin du XVIIIe siècle. En l'année 1566, le roi Charles IX, par une ordonnance, prescrivit, à chaque paroisse, le soin de nourrir les pauvres et les mendiants du lieu; mais cette sage ordonnance a fini par tomber en désuétude. Suivant quelques publicistes, les mendiants ont établi parmi eux une certaine organisation sociale, et reconnaissent des chefs et des dignitaires qui forment un gouvernement occulte dans un gouvernement régulier.

NOTE 26.

Pélerinages de toutes les communes environnantes dans toutes les saisons.

NOTE 27.

Pélerinages de Saint-Étienne-de-Montluc, Bouée, Cordemais, le vendredi après la naissance.

NOTE 28.

Pélerinages de Blain, Bouvron, Cambon, Cordemais, Grand-Champ, Fay, Héric, le Temple de Maupertuis, Sautron, Treillières, Vigneux, en avril.

NOTE 29.

Les offrandes sont plus ou moins abondantes, suivant l'intempérie des saisons, l'état sanitaire des bestiaux et des hommes. On doit présumer que pendant les XIe, XIIe, XIIIe, XIVe, XVe, XVIe, XVIIe et XVIIIe siècles, si remarquables par les rudes hivers qui ont affligé les années 1067, 1076, 1124, 1142, 1218, 1233, 1302, 1325, 1364, 1408, 1434, 1442, 1468, 1480, 1548, 1570, 1589, 1608, 1621, 1709, 1766, 1789 et 1795, c'est-à-dire pendant les vingt-trois grands hivers qui ont terrifié les populations bretonnes, les offrandes ont dû être plus abondantes que pendant les autres années. Cependant il y a eu des années, aux XVIe, XVIIe et XVIIIe siècles, où le gardien recueillait une telle quantité de ces petits sachets, que ces diverses céréales produisaient cinq ou six septiers, c'est-à-dire environ neuf hectolitres. Ces offrandes profitaient à la Chapelle pour sa conservation et son embellissement. Dans l'origine, le blé-noir ou sarrazin et le maïs étaient tellement considérés en France et en Espagne, que les églises en recherchaient singulièrement les offrandes. On remarquait, suspendus aux voûtes, des bas et des manches remplis de ces céréales.

M. Jean Menet, cultivateur et propriétaire au hameau de la Chapelle, descendant de l'une des plus anciennes familles, est chargé de la surveillance. Cette fonction est héréditaire dans cette vieille famille.

Les jeunes filles, dans le Bourbonnais, jettent à la dérobée plusieurs pièces de monnaie percées dans le tronc de Saint-Nicolas, pour obtenir un époux.

Note 30.

Les troupes anglaises établirent leur camp dans les landes de Saint-Étienne-de-Mont-Luc, vers le point dit *les États*. Il y a cinquante ans, on y remarquait encore quelques vestiges de fossés, hauts, larges et profonds, avec rejets, nommés le *Camp-des-Anglais*.

Note 31.

Durant la ferveur religieuse, du VIIIe au XVIIe siècle, les inhumations avaient lieu le plus près possible des églises, chapelles et oratoires, et même dans l'intérieur et auprès des autels. Mais on ne parvenait à obtenir les sépultures intérieures qu'au moyen de donations, de legs ou de rentes. Cet usage cessa en 1777, par ordonnance de Louis XVI.

Note 32.

Pendant les travaux du nivellement et du dallage de la Chapelle du Prieuré, en 1863, les maçons ont retrouvé les ossements du saint anachorète et les ont pieusement replacés dans le lieu qu'ils occupaient depuis plusieurs siècles.

Note 33.

Délibération en date du 10 juin 1714, signée Guillaume de L'Isle, seigneur du fief; Alexandre Civel, A. Brochard, Guillard, Pierre Deneau, Clergeau Lambert, François Clergeau, Antoine Clergeau, Oréal. (Extrait des registres de la fabrique de Sautron, année 1714.)

Note 34.

Angelus. — Prière en l'honneur de la Sainte Vierge, dite le matin, à midi, et le soir, mais annoncée par la cloche paroissiale, que le sacristain tinte trois fois chaque jour, à trois reprises différentes, après quelques minutes d'intervalle. Cette prière a été introduite, en France, par une ordonnance de Louis XI, le 1er mai 1472.

NOTE 34 *bis*.

Cette cloche au son lugubre a été donnée, en 1818, par M. Joseph Mabit, ancien notaire, ancien maire de Sautron. C'était un des descendants des plus anciens habitants du village de Bois-Garand. Elle est trop grosse et trop pesante pour la place qu'elle occupe dans le clocher, et son poids finira par détruire la charpente de la flèche. En place, il faudrait une cloche plus légère et plus facile à sonner. Une cloche de 25 à 30 kilogrammes suffirait pour être entendue de loin. Telle était la cloche ducale, bien plus petite et restée encore suspendue au milieu de la flèche, bien qu'elle ne serve plus à l'appel des fidèles.

NOTE 35.

Le Buron, terre et seign., H.-J., Vigneux.

Voici les noms de quelques-uns des propriétaires de cet antique château, qui nous sont connus par pièces authentiques :

1385 .... de Rohan.
1454 Jeanne de Rohan, femme de Jean des Rames.
1472 Marie des Rames, femme de Jean Tréal.
1519 Gillette de Tréal, femme de Christophe de Sévigné.

1562 Pierre de Sévigné.
1679 Charles de Sévigné.
1739 Louis du Breil.
1775 .... du Breil.
1809 Henriette du Breil du Buron, femme de Charles-Toussaint Hersart (*).
1854 .... Hersart du Buron.

(*Dictionnaire des terres du comté Nantais et de la Loire-Inférieure,* par E. de Cornulier.)

(*) De ce mariage sont issus six enfants :
1° Charles-Henry Hersart du Buron ;
2° Louis-Toussaint-Marie Hersart du Buron ;
3° Armand-Marie Hersart du Buron ;
4° Eugénie-Louise-Marie Hersart du Buron, et deux autres filles qui sont décédées;
5° Anatolie-Jeanne-Marie-Henriette Hersart du Buron ;
6° Et Henriette-Laurence Hersart du Buron. Elles ont été inhumées dans l'enfeu de la chapelle du château, parmi les autres membres de la famille.....

PREUVES ET TITRES.

PÉLERINAGES.

19 janvier.	A Saint-Jacques-lez-Nantes.
Pâques.	A Notre-Dame-de-Bethléem, Saint-Jean-de-Boiseau.
Mardi de Pâques.	A Notre-Dame-des-Dons, à Treillières.
10 mai.	Saint-Donatien-lez-Nantes.
Ascension.	Notre-Dame-de-Miséricorde, à Saint-Similien.
11 juin.	Notre-Dame-des-Sept-Douleurs, Grand-champ.
2 juillet.	Notre-Dame de Bois-Garand, Sautron.
26 juillet.	Notre-Dame, à Sainte-Anne, à Vue.
26 juillet.	Notre-Dame, à Sainte-Anne, à Auray.
26 juillet.	Saint-Jacques-lez-Nantes.
15 août.	Notre-Dame du Folgoët, Finistère.
8 septembre.	Notre-Dame d'Auray, Morbihan.
8 septembre.	Notre-Dame de Bois-Garand, Sautron.

Dans ce canton, il existe quatre chapelles célèbre

et en grande vénération, sous le vocable de Notre-Dame la Sainte Vierge :

La Chapelle du Prieuré de Notre-Dame de Bois-Garand, la plus renommée, Sautron.

La chapelle de Notre-Dame-des-Dons, Treillières.

La chapelle de Notre-Dame-des-Anges, Orvault (réédifiée en 1857, grâces aux soins généreux de M. de la Rue du Can, curé d'Orvault).

La chapelle de Notre-Dame-des-Sept-Douleurs, à Grandchamp.

Les pélerinages les plus fréquents sont à la Chapelle de Bois-Garand et à la chapelle des Anges.

Les pélerinages étaient de diverses sortes : ou ordonnés canoniquement, ou volontaires. Il y avait les pélerinages en France, sur le continent et outre-mer.

Les pélerinages en France et sur le continent avaient lieu en Espagne, à Saint-Jacques de Compostelle ; en Italie, à Notre-Dame-de-Lorette, à Rome. En France, les pélerinages célèbres étaient spécialement ceux de Saint-Martin, à Tours ; Saint-Gilles et Saint-Michel pour les périls de mer, à Roquemadour, auprès de Cahors ; Notre-Dame-de-Liesse, dans le diocèse de Cahors ; à Sainte-Anne d'Auray, diocèse de Vannes ; à Notre-Dame du Folgoët, diocèse de Quimper.

Les pélerinages outre-mer étaient les pélerinages de Jérusalem et de la Terre-Sainte.

Les pélerinages ordonnés canoniquement avaient lieu comme pénitence d'une faute grave ou comme châtiment d'un crime.

Ordinairement ces pélerinages se faisaient à Saint-Jacques de Compostelle, ou à Saint-Pierre de Rome, ou à la Terre-Sainte : l'itinéraire était fixé, ainsi que la durée du voyage.

Les pélerinages volontaires se faisaient suivant les désirs des pélerins.

Les pélerinages, ou la visite des lieux consacrés par les traditions religieuses, se retrouvent à toutes les pages de notre histoire. Mais il y a eu un redoublement de ferveur vers l'an 1000, que l'on croyait marqué pour la fin du monde.

« A cette époque, dit Raoul Glaber, une multitude innombrable commença à se diriger vers le tombeau du Sauveur, à Jérusalem. Petit peuple, gens de moyenne condition, rois, comtes, prélats, nobles dames mêlées aux femmes pauvres, tous s'y rendaient en foule. D'abord les pélerins furent traités avec douceur par les Arabes, qui en tiraient une forte rançon ; puis ceux-ci finirent par les abreuver d'outrages et d'exactions, et enfin les contraignirent à souiller le Saint Sépulcre. »

Avant de partir pour la Terre-Sainte ou tout autre lieu, les pélerins recevaient le bourdon et l'escarcelle dans une église, des mains du prêtre. Les rois eux-mêmes se soumettaient à cet usage avant d'entreprendre le pélerinage d'outre-mer. Après avoir attaché la croix sur leur épaule, ils se rendaient à l'abbaye royale de Saint-Denis, patron de la France, et là, après la célébration de la messe, un prélat leur remettait le bourdon de pélerin et l'escarcelle, et même quelquefois l'oriflamme.

Les pélerins devaient se pourvoir d'une lettre de paix. Voici la teneur d'une de ces lettres au Xe siècle, ainsi traduite du latin :

Aux saints apostoliques, vénérables pères, rois, comtes, évêques, abbés, prêtres, clercs, et tous les chrétiens servant Dieu dans les cités, les monastères, les bourgs et les campagnes, moi, intendant de la maison..... me nommant en Dieu... N....., votre serviteur, j'adresse cette lettre; que Votre Grandeur ou Votre Sainteté sache que votre frère, nommé ....., votre serviteur, nous a demandé la permission d'aller prier pour ses péchés ou pour nous à la basilique de Saint-Pierre. C'est pourquoi nous vous adressons ces lettres par son intermédiaire, et le chargeons de salutations pour vous, afin que, pour l'amour de Dieu ou de saint Pierre, il reçoive de vous secours et consolations, et puisse aller et revenir sain et sauf, etc., etc.

Les pélerins de la Terre-Sainte, au retour, cueillaient des branches de palmier et les rapportaient comme une marque de l'accomplissement du voyage.

Les pélerins se réunissaient en troupes, et sous la conduite de quelques solitaires vénérés, ils s'acheminaient en chantant des cantiques. Ils étaient dans l'usage de réunir des monceaux de pierres à certaines places, qui devenaient plus tard des lieux de stations. On plantait des croix sur ces monceaux de pierres qu'on nommait Monts-Joye (*Montes Gaudii*).

Les pélerinages imposés comme châtiments étaient quelquefois accomplis les pieds nus, avec des chaînes de fer ou d'autres marques de pénitence. Il y avait même des coutumes qui imposaient des pélerinages comme amendes honorables. On en trouve la preuve dans le *Nouveau Coutumier général* (tome I, page 246). Les pélerinages de Rome et de Saint-Jacques de Compostelle y sont mentionnés comme des châtiments en expiation d'un crime. Il est aussi question de ce genre de punition dans les *Coutumes de Beauvoisis,* par Phelippes de Beaumanoir, et dans la *Somme rurale* de Bouteiller. On pouvait quelquefois se racheter de ces pélerinages en payant une certaine somme.

Les pélerins partaient ordinairement sans argent et sans provisions, ce qui avait nécessité la fondation des établissements destinés à leur offrir le gîte et la nourriture. Un hospice était annexé à tous les monastères un peu importants, auxquels des donations étaient faites dans ce but, et il leur était prescrit, par des Capitulaires et les Conciles, d'accueillir avec charité les pélerins et les voyageurs. L'hospitalité dans les monastères rappelait l'hospitalité antique. Ces hospices étaient toujours placés hors des villes pour les voyageurs attardés, sur le bord des fleuves, aux lieux où il n'existait pas de communication d'une rive à l'autre; dans les montagnes, aux passages les plus fréquentés. Tels sont les hospices du grand Saint-Bernard, du Simplon et du mont Cenis. Ce dernier fut fondé par Louis le Débonnaire, qui le dota de riches revenus. Ceux des Alpes étaient d'un grand secours pour les pélerins qui se rendaient à Rome. La plupart des pélerins qui se dirigeaient en Terre-Sainte continuaient la route par terre jusqu'à Constantinople. De distance en distance ils rencontraient des hospices destinés à les recevoir. Les pélerins, arrivés à Jérusalem, devaient payer une pièce d'or avant d'entrer dans la ville. Ces difficultés engagèrent les pélerins à se réunir en troupes nombreuses pour se protéger réciproquement. Ce furent les habitants de la Normandie qui donnèrent cet exemple.

Au XIe siècle, les évêques et les abbés ne se mettaient pas en route sans une suite nombreuse. C'est vers l'an de grâce 1000 que les pélerinages en Orient devinrent les plus fréquents, et qu'ils préparèrent les Croisades dans le siècle suivant. C'était comme une mode. Rois, princes, ducs, comtes, seigneurs et prélats, accompagnés d'une suite nombreuse, se rendaient aux lieux saints.

Le Concile de Metz, en 756, défendit de prélever aucune espèce de tribut sur les pélerins allant à Rome ou ailleurs, et de les arrêter aux passages des ponts, des écluses et des bacs.

Le Concile de Latran, en 1125, excommunie et punit sévèrement ceux qui vexeraient et pilleraient les pélerins se rendant à Rome ou ailleurs.

Lors du Jubilé, en 1600, l'hospice des Pélerins, fondé à Rome par saint Philippe de Neri, donna l'hospitalité, pendant trois jours, à quatre cent quarante-cinq mille hommes et vingt-cinq mille femmes. (Cheruel, *Dictionnaire des institutions, mœurs et coutumes de la France,* tome II, page 966.)

PROCESSIONS.

L'usage des cérémonies religieuses, sous le nom de processions, est fort ancien ; on le fait remonter à Constantin. Saint Marc, évêque de Vienne (en Dauphiné), établit dans son diocèse l'usage des prières publiques des Rogations en 474. Elles furent successivement adoptées dans tous les autres diocèses ; et, en 511, le Concile d'Orléans ordonna de célébrer les Rogations dans toute la France. On nommait aussi litanies les prières publiques qu'il est d'usage d'adresser dans les circonstances critiques.

Les processions des saints dimanches furent établies par le pape Agapit, en 580 ; celles de la fête de saint Marc en 590, par Grégoire le Grand, qui institua également les processions qui se font le jour des Rameaux et de la Purification. La procession du Saint-Sacrement date du commencement du XIVe siècle, et dut son origine au pape Jean XXII. La procession de l'Assomption fut instituée en France par la déclaration de Louis XIII (10 février 1633), lorsqu'il fit l'hommage de sa couronne à la Sainte Vierge, déclaration confirmée par Louis XIV (1650) et par Louis XV (en 1738), déclaration qui plaça la France sous la protection de la Vierge. (A. Cheruel, *Dictionnaire historique,* tome II, page 1026.)

A.

CHARTE I.

Anno incarnat. Domini 1038, ego Budicus civitatis Nanneticæ comes et uxor mea Adoïs videntes Ecclesiam in honorem SS. martyrum Cyrici et Julittæ, matris ejus, prope mœnia urbis nostræ antiquitus constitutam *in desolatione penitus derelictam paganorum vel Normannorum devastatione, ac etiam vetustate et longissima detrimentorum continuatione;* illam clementer deplanximus atque ejus miseriis compuncti lacrimabilibus, donando de nostris, eam a fundamentis pro salute nostra et parentum nostrorum renovare cœpimus, et ut successoribus nostris memorabilia fiant, per hanc litterarum institutionem quæ huic sancto loco pro veneratione præfatorum martyrum ac ancillis ibidem Deo a nobis constitutis sub regula sancti Benedicti deservituris, tam præsentibus quam futuris de nostro jure hereditario concessimus, chartam inde fieri jussimus, quæ autem videlicet omnibus eam legentibus narrat quæ *donavimus : Bois-Gragunderram qui est inter Oisraldum et Vigno super aquam Alsentiæ cum cultis et incultis et sylvis et pratis Ecclesiæ sancti Cyrici restaurandæ* ac ancillis ibidem Deo servientibus depascendis, ut omni tempore sine calumnia, sine ullis redhibitionibus quietum habeant, possideant. Et si quis de nostris heredibus fuerit aut quælibet extranea persona qui hoc nostrum donum a præfato loco et ab ancillis ibidem Deo servientibus aufferre præsumpserit, iram Dei in primis offensionemque sanctorum martyrum incurrat, orbatusque proprio lumine pœnam ultricis flammæ sentiat, et in prima resurrectione partem non habeat. Hoc vero scriptum ut in Dei nomine vigorem obtineat majorem manu nostra subterfirmavimus et majoribus nostræ curiæ affirmare rogavimus.

† S. Budici comitis. † S. Adoïs uxoris ejus. † S. Rodaldi comitis. † S. Judicalis Vicarii. † S. Droaloii vice-comitis. † S. Droaloii Tauri. † S. Escomar. † S. Alfredi. † S. Glavihenni. † S. Bernerii. † S. Heudonis.

Data XV cal. Julii in urbe Nannetica in die solemnitatis prædictorum martyrum. Guillelmus Diaconus scripsit. *Cartul. du Ronceray.* (Dom Lobineau, *Hist. Bretagne,* tome II, page 112.)

B.

CHARTE II.

Omnis res digna memoriæ ne in futuro oblivioni tradatur litterarum institutionibus obseratur. Unde ego

Mathias civitatis Nanneticæ Comes litterarum memoria successoribus nostris volui esse memorabile quoniam humilis et veneranda abbatissa Monasterii Sanctæ Mariæ Andecavæ civitatis, nomine Tetburgis, nostram adiens curiam, nos et nostros magna verbi dulcedine rogavit ut in urbe Nannetica locus sibi daretur ubi monacharum regulam construere possit. Quod nos libenti animo monstratur fecisse indicio hujus Cartulæ. *Donavimus enim Monasterium sancti Cyrici foris murum Nannetis situm cum omnibus rebus sibi* PERTINENTIBUS *præfato Monasterio Sanctæ Mariæ et Domnæ Tetburgi* abbatissæ pro incolumitate nostra et pro redemptione animæ patris mei Budici comitis et matris meæ Adoïs comitissæ qui hoc monasterium viventes ædificaverunt, ut ipsas et omnes subsequentes sibi sub suo regimine nostro dono legaliter facto quandiu seculum duraverit sine calumnia ad præsidendum et ordinandum habeat, possideat. Quin etiam ex nostra parte omnibus nostris laudantibus præfato Monasterio SS. martyrum et Domnæ Tetburgi abbatissæ infra muros Nannetis dare curavimus scilicet Ecclesiam Sanctæ Mariæ et Ecclesiam S. Vincentii et decimam mercati. Hæc vero universa, sicut supra conscripta sunt et in auditu nostræ curiæ recitata, manu humilitatis nostræ propria subterfirmavimus atque nostrorum nobilium manibus Nannetensis patriæ astipulandum commisimus ut pleniorem per succedentia tempora obtinere valeant vigorem in nomine Christi Jesu Domini Nostri. Si quis autem dæmoniaco arreptus fuerit spiritu qui ab hodierno die et deinceps hoc *testamentum* infringere vel quolibet modo contraîre tentaverit, damnatus et anathematizatus pariter cum Dathan et Abiron et Juda proditore ignem æternum qui paratus est diabolo et Angelis ejus sine fine possideat.

† Signum Mathiæ comitis qui hujus donationis authoritatem firmare rogavit. † Signum Rodaldi vice-comitis. † S. Arscuti. † S. Alfredi. † S. Grafionis. † S. Bernardi. † S. Drovalloi vice-comitis. † S. Simonis. † S. Rodaldi. † S. Jarnogoni. † S. Bernerii. † S. Danielis. † S. Glavihenni. † S. Wani. † Sig. Judicalis comitis.

Data VIII calend. april. in civitate Nannetis sub Walterio præsule. Guillermus scripsit. *Ibidem.* (Dom Lobineau, *Hist. Bretagne,* tome II, page 112.)

C.

CHARTE III.

1123. — *Charte de Louis le Gros, roi des Français, en faveur de Brice, évêque de Nantes, contenant les noms des paroisses qui dépendaient de l'Évêché de Nantes.*

Misericordia et veritas exigere videntur quod quæ a prædecessorum nostrorum munificentia Ecclesiis Dei collata cognoscuntur regia auctoritate nostra ut firmius in posterum stare valeant muniantur quatinus et successoribus nostris exemplum bene agendi a nobis præbeatur et de talento nobis commisso boni aliquid ad

conspectum summi Judicis a nobis reportetur.......
...... S. Georgium. *Cassonam. Sucerum. Trellieram. Orsvaldum. Salteronam.* S. Similianum, *Monasterium Antrum* cum omnibus sibi pertinentibus. *S. Stephanum. Carcafagum.... Portum Raciaci....* Ipsius urbis Nanneticæ mœnibus assitas Ecclesiam SS. Mart. Donatiani et Rogatiani. *Ecclesiam SS. Mart. Cyrici et Julittæ. (Histoire de Bretagne,* par Dom Guy Alexis Lobineau, tome II, pages 277, 278.)

D.

CHARTE IV.

Carta Conani ducis Britannorum de restitutione ejus.

1128. — Qui priorum patrum instituta posteros non latere voluerunt, ne temporis vetustate oblivioni traderentur ea, scripto retineri decreverunt, unde ego Conanus Britannorum Dux atque mater mea Hermengardis Comitissa scripto retineri jussimus quomodo et quo tempore restituimus et restituendo ut justitia exigebat dedimus *Capellaniam Sancti Cyriaci atque Sanctæ Julittæ suæ matris* Udeburgi venerabili abbatissæ Sanctæ Mariæ Caritatis Andegavensis atque ejusdem loci sanctimonialibus. Ipsum enim monasterium Comes Budicus et Adoïs uxor illius Comitissa in propria sua terra ædificaverunt et de propriis suis redditibus locupletaverunt; et ad victum præfatarum sanctimonialium tam ipsi quam eorum filius Comes Mathias dederunt. Sed quia crescente iniquitate frigescit caritas multorum, plurimi antecessorum meorum præfatam capellaniam perniciose administrari permiserunt, dantes illam in homagio uxoratis sacerdotibus et filiis eorum jure hereditario. Mortuo vero Leone quodam qui hujus sacerdotalis successionis heres extitit eamque terrore mortis [territus] deseruit; inde prævidens periculum animæ meæ imminere, præfatis sanctimonialibus præfatam capellaniam recognoscens earum antiquam justitiam pro remedio animæ meæ et animæ mei patris Alani Comitis, et matris meæ Ermengardis reddidi, [aliorumque antecessorum successorumque meorum]: ut habeant liberam potestatem eligendi sacerdotem et episcopo præsentandi. Quod si quis diabolico instinctu hoc violare præsumpserit, illum Deus de libro vitæ deleat, conatus que illius nullum obtineat effectum. Hoc actum est Nannetis idus martii anno ab incarnatione Domini 1128, Ludovico rege Francorum regnante, Conano, Conani filio, Nannetensium comite. Briccio eorumdem præsule. Istis præsentibus et videntibus. Hildeberto Turonensium archiepiscopo. Ulgerio Andegavensium episcopo. [Hamelino Redonensium episcopo]. Galone Leonensium episcopo. Guidone Cenomanensium episcopo. Conano comite concedente ac matre sua Ermengardi. De clericis Auveredus Turonensis archidiaconus vidit, Goffridus de Ingreia S. Mauricii. Andecavensis decanus. Gulbertus ejusdem S. Mauricii canonicus. *Petrus Abælardus* sancti Gildasii abbas. Radulfus sacrista S. Mariæ Caritatis. R. 6, C. 29. (Dom Lobin. *Hist. Bretagne,* tome II, page 252. — *Annales d'Anjou,* Paul Marchegay, tome III, page 259). (Les mots entre crochets ne sont donnés que par ce dernier texte, ici et plus bas).

E.

CHARTE V.

Carta Jarnogoni, de molendinis, exclusa et piscatione in Erdade.

In nomine sanctæ et individuæ Trinitatis, ego Jarnogonus, Danielis filius, reminiscens evangelium illud, Facite elemosinam de mammona iniquitatis ut, cum defeceritis, recipiant vos in æterna tabernacula, *Dedi per consensum et consilium meæ uxoris nomine Ansgor* (pro) *monasterio sanctorum martyrum Cyrici et Julittæ matris ejus, restaurando prope mœnia urbis Nanneticæ constituto,* ac ancillis ibidem Deo servientibus depascendis *videlicet medietatem molendinorum et exclusæ cum medietate piscationis qui sunt sub ipso monasterio in aqua quæ vocatur Erda,* de nostris propriis rebus pro redemptione animarum nostrarum [vel parentum nostrorum ut quandiu seculum duraverit habeat (et) possideat jure hereditario] posteà vero, pro nostris peccatis redimendis ego et uxor mea, huic monasterio, deservire [unam] de filiabus nostris, nomine Eusebiam obtulimus ut in vita sua omnibus hoc nostrum donum falso calumniare volentibus veri testamenti carta semper appareat. Si quis autem, quod absit, post obitum nostrum de heredibus nostris surrexerit qui hanc nostram Elemosinam destruere et monasterio præfatorum martyrum ac ancillis ibidem Deo constitutis servire auffere tentaverit, destruat eum Dominus de hoc seculo et in futuro regnum benedictis paratum aufferat, et ipsi sancti martyres quibus nostra concessimus in die judicii animæ suæ accusatores existant. Ut autem hæc firma stabilitate melius memorabilia in futuro permaneant, hanc inde cartam scribere rogavimus et nostris manibus propriis subterfirmavimus. Signum † Jarnogoni, S. † Ansgor uxoris ejus, S. † Mathiæ comitis, S. † Judicalis, S. † Glavihenni, S. † Bernerii, S. † Danielis. Data id. Maii in urbe Nannetica sub Budico præsule. R. 5. C. 78.

(*Hist. Bretag.*, Dom Lobineau, tome II, page 163; *Annales de l'Anjou*, Paul Marchegay, page 260, tome III.)

F.

CHARTE VI.

De Rebus quas dederunt Constancius Mulnerius et Lejardis.

Litterarum memoriæ notitia posterorum significare volumus quod Constantius Mulnerius et Lejardis uxor sua dedit Deo et S. Mariæ Caritatis, et S. Cyrio, omnem possessionem suam tam in vineis quam in molendinis et in rebus secularibus, in vitâ sua et ibidem revestierunt sanctimoniales de duobus quarteriis vinearum : tali lege quod intumularentur in proprio cimiterio sancti Cyri. Ipse vero et pater suus Constantius reddiderunt XII denarios de censu S. Cyro de rebus supra dictis; et Lejardis facta est sanctimonialis apud S. Cyrum cum omnibus suis et benedicta ab Albino sacerdote. Postea vero venit Andegavis et ibi donum quod Constantius vir ejus fecerat in capitulo sanctæ Mariæ concessit et, supra altare ponendo, confirmavit. Et illud donum supra dictum, factum a Constantio, vidit et audivit Albinus sacerdos.

Guilhermus archidiaconus. Robelinus Mazo, Odelinus Mazo, Durandus et alii plures.

R. 2. C. 26. (Dom Lobineau, *Hist. Bretag.*, tome II, page ... ; *Annales d'Anjou,* par M. Paul Marchegay, archiviste, tome III, page 260.)

G.

CHARTE VII.

Venditio vineæ juxta fluvium Herdæ.

Quoniam quæ litterarum custodiæ commendantur melius atque tenacius posteris in memoriam reducuntur, coemptionem quæ inter moniales S. Mariæ Caritatis et Johannem Parvum facta est, ne de ipsa inter subsequentes nostros, aliqua, quod absit, controversia oriatur, scribimus et eam sub legitimo scripto cognoscendam legamus. His itaque Johannes cognomento Parvus (emit) curtillum vineæ, quæ est a domo Garini, filii Aufredi, usque ad domum Bruni et a cimiterio usque ad flumen Herdæ, in qua etiam domus Blandini vicarii sita est. Hanc inquam vineam emit Johannes ab abbatissa venerabili sanctæ Mariæ, Hildeburgi scilicet, et monialibus ejus; deditque conventui pro ea habenda : in ipsa emptione LX solidos, annuum vero censum in festivitate sanctorum martyrum Cyrici et Julittæ XII den. bidennum etiam ad fœnum faciendum et ad vindemiandas diem unum vineas. Hanc iterum prædicta abbatissa ibidem addidit exceptionem quod si ipse vineam illam vendere vellet, ipsis monialibus, emere volentibus, levius quam cuilibet alieno daret; et nulli aliæ monasticæ congregationi eam dimittere liceret. Singulis autem dominabus quæ tunc cum abbatissa aderant, et quarum assensu hoc totum factum est, ex denariis suis ad libitum suum dedit; quarum nomina hæc sunt. Hissilia tunc cellaria. Adelaïs tunc prior S. Cyrici, Placentia, Vigolendis, Agnes filia Gautherii; de clericis ipsius abbatissæ: Radulfus sacrista, magister Guibertus, Hugo tunc capellanus S. Laurentii; de clientibus: Garinus Losdun, Boselinus; de Nannetensibus, Aitoinus, Lambertus filius Josberti, et plures alii quorum nomina longum est enumerare.

Cum vero Johannes mortem sibi imminere sentiret,

hujus curtilii partem unam cum domo quam in eo fecerat uxori suæ Ansgor, alteram vero partem duobus infantulis cognatis suis, Petrullo et Ranerio, dedit et post mortem suam habere concessit. Qui post mortem ipsius ad abbatissam accedentes, assensum ejus quæsierunt et habuerunt ut quiete vineam illam tenerent et in perpetuum possideant, retenta tamen illa priori conditione. Huic ultimæ concessioni et revestituræ interfuerunt : Soror abbatissæ Beatrix, Adelaïs, Odio Habita, Petronilla, Maria, Auburgis; Hugo, tunc archipresbiter, Raaudus, Robertus de Jugniaco, Philippus, Rennulfus. Ad cujus rei autoritatem, quando possessores hac possessione investiret, abbatissa præcepit hoc scriptum sub cyrographi munitione fieri. R. 3. C. 57. (*Annales d'Anjou*, par P. Marchegay, tome III, page 261.)

H.

CHARTE VIII.

CHAPELLE DE BON-GARAND.

Franchissement d'un fouage sur une maison auprès de la Chapelle. (13 *novembre* 1469.)

Les gens des comptes, Monseigneur le duc savoir faisons que, aujourd'huy en la Chambre desdits Comptes, nous ont été montrées et apparues les lettres de mondit seigneur dont la teneur ensuit : François, par la grâce de

Dieu, duc de Bretagne, comte de Montfort, de Richemond et d'Etampes et de Vertus, à tous ceux qui ces présentes verront, salut. Comme à nous de nos droits royaux et duchaulx, souverainetez et noblesse appartienne et non à un autre exempter et franchir les maisons, hébergements et manoirs de ceulx de nos sujets qu'il nous plaît et soit ainsi que nostre bien aimé *messire Jehan Charette, prêtre-recteur de la Chapelle de Notre-Dame de Bon-Garand assise en la paroisse de Saultron ou diocèze de Nantes* ait du revenu des oblations d'icelle chapellenie et au plus près d'icelle fait édiffier et bastir une maison en laquelle toutte et quantefoiz que y allons, y pouvons loger et tous autres qui cothidiennement, tant de nostre pays que d'ailleurs *pour les merveilleux et innumérables myracles qui se font, y affluent et abondent.* Laquelle maison nous a esté et est pour l'honneur et reverance de Dieu et de la benoiste Vierge Marie de Notre-Dame très agréable, et à ce que ladite maison ne soit en aucun tems à venir inhabitée, et de bien en mieux y entretenir *doresnavant les herbeiges et reception des pélerins et peuple ordinairements y affluant et à ce que soyons participants en leurs mérites, oraisons, pélerinages et prières, et mesmement pour la* SINGULIÈRE DÉVOTION *qu'avons en ladite Chapelle,* avons aujourd'huy de nos autorités et pleine puissance, franchi, quitté et exempté et par ces présentes *franchissons et exemptons perpetuellement* la dite maison, avec et ensemble les demeurants en icelle de tous fouaiges, tailles, aides, emprunts, guet, garde de porte et autres impositions et subventions personnelles quelconques pour nous, nos successeurs mis ou à mettre sur nostre dit pays, en quelque manière que ce soit, voulant et voulons que pour ce soit desduit et rabattu aux proessiens de ladite proësse de Saulteron, la moitié d'un feu entier du nombre des feux ou ils sont et ont été en rapport. Si donnons en mandement à nos senechaux, alloués, prévosts et procureurs de Nantes leurs lieutenants, leurs thrésoriers et receveurs généraux et particuliers desdits fouaiges, tailles, emprunts et autres subsides qui a présent sont et pour le temps à venir seroient et à tous autres justiciers et officiers à qui de ce appartiendra de nostre presente grâce, franchissement et exemption faire souffrir et laisser jouir et user les dessus dits pleinement et paisiblement cessants tous empêchemens au contraire et à nos bien aimés et féaux conseillers, les gens de nos comptes pour ce rabattre et conserver auxdits paroissiens de Saulteron le dit demi feu ou pour autant que leur est baillé en échange vérifier les présentes et leur en bailler relation valable pour leur servir et valoir au tems à venir ou mestier en auront, car tel est nostre plaisir, et en tesmoing de ce et afin que ce soit chose ferme et stable à durer en perpétuel. Nous avons signé ces présentes de nostre main et fait sceller de nostre scel en laz de soie et cire verte.

Donné à Nantes, le XIIIe jour de novembre, l'an

mil IIIJLXIX, ainsi signé *François*, escript *de sa main*. Par le duc et de son commandement. St Milet.

Veu la teneur desquelles lettres, mandons, commandons de par mon dit seigneur aux receveurs généraux et particuliers des fouaiges et souldaiz presents et à ceux qui pour le tems à venir le seront en l'évêché de Nantes faire souffrir et laisser jouir et user paisiblement des dits proëssiens de Saulteron, et *maître Jehan Charette* respectivement de la dite grâce et exemption selon et aux désirs des dites lettres et mandement pourvu que les demourants en la dite maisons ne portent à la dite proësse charge de plus de demi feu et rapportant ces presentes ou copie signée de l'un des gens des comptes avec les relations et joïssement a ce pertinent, et vaudra aux receveurs proëssiens et mestre *Jehan Charette* et a chacun d'eux respectivement garant et descharge partout ou mestier en auront. Donné et fait à Vennes en la chambre, sous le scel des dits Comptes, le huitieme jour de feuvrier l'an mil quatre cent soixante neuf. Ainsi signé les gens des comptes, Monseigneur le Duc. Signé Ker Boutir. (*Conforme*).

(Archives départementales à Nantes, Cartulaire du Ronceray.)

PIÈCE IMPORTANTE.

AVEU DE BOIS-GARAND.

1682.

C'est l'aveu, démembrement et déclarations par le menu des héritages, droits, cens, rentes et devoirs, fiefs et juridictions que noble et religieuse dame Marie de la Barre de Saulnay, religieuse professe en l'abbaye du Ronceray, *Prieure des Prieurés* de Nostre-Dame du bourg des Moustiers, Nostre-Dame de Bois-Garand en la paroisse de Saultron, et Saint-Cyr et Sainte-Julitte, *alias* Saint-Léonard, à Nantes, annexez au dit Prieuré du bourg des Moustiers, membres dépendants de la dite abbaye du Ronceray, tient, avoue et déclare tenir du roi notre sire, à cause de son Comté de Nantes en Bretagne, nuement et prochainement comme Prieure susdite du dit Bois-Garand, et de Saint-Cyr et Sainte-Julitte, à devoir de prières et oraisons, et comme fiefs d'église amorti seullement.

Premier.

Déclare la dite dame de la Barre de Saulnay, qu'à cause de son dit Prieuré de Bois-Garand, de Saint-Cyr et Sainte-Julitte, qu'elle a droit de fief, cens, et juridiction, haute, moyenne et basse, cohertion, seigneurie et obéissance sur les hommes, vassaux et sujetz aux dits lieux, et tous autres droits de juridictions appartenantes à haute justice, moyenne et basse, avec droit de prendre en sa dite seigneurie, ventes, lodz, épaves et gallois; déshérance, séances et tenues de pleidz; appropriements de contrats et autres droits seigneuriaux; moulins à vent et à eau; portes, chaussées d'étang et attaches de moulins, lesquels lui competent et appartiennent, lui peuvent competer et appartenir; droit d'avoir cep, et collier, et prison au dit lieu de Bois-Garand, en la dite paroisse de Saultron et Vigneux; entre terre d'un côté et d'un bout, terre du seigneur évêque, le ruisseau qui descend du moulin du Buron, en Vigneux, au moulin de Naud, à présent arrenté par écuyer Martin de L'Isle, sieur du fief, à Jean Buron, et le ruisseau conduisant jusqu'au bout de la forêt du dit seigneur évêque de Nantes, et à prendre par la pièce de l'Aulne, chemin entre deux, conduisant au chemin Nantais ci-après; d'autre côté, le grand chemin qui conduit de Nantes à Vennes; d'autre bout, la terre du seigneur de Vigneux, plantée en bois taillis appelé le Douairay, à revenir au moulin du Buron.

1. *Item,* une tenue tant en terres labourables que frosts et gasts que labourent plusieurs particuliers, appellée le petit Bois-Garand, entre terre d'un côté, au dit seigneur évêque de Nantes; de l'autre côté, au dit sieur de Vigneux; d'autre bout, le dit grand chemin Nantais, qui conduit de la Pasquelais de Vigneux en la ville de Nantes, d'une et d'autre partie. Sur, et pour cause des

choses cy-devant confrontées et débornées, les hommes, vassaulx et sujets doivent à la dite dame Prieure, à raison de sa dite seigneurie et obéissance au dit Bois-Garand, par chacun an, les droits de terrage, qui est la treizième partie de tous et de chacun des fruits croissants entre les dites juridictions et les dites bornes.

Aussi confesse et avoue tenir, par raison de sa dite juridiction de Bois-Garand, les rentes et autres devoirs par les termes qui en suivent, et, *premier,*

2. Au terme de Nostre-Dame-Angevine, sur la tenue et *bourg* de Bois-Garand, dans lequel est située l'antienne Chapelle du dit lieu, nombre de logis et logements, partie desquels sont jouissants demoiselle Scoliège, veuve de François Secretain, vivant sieur de la Rivière, huissier, et tutrice de leurs enfants; demoiselle Arnaud, veuve de M. Christophe Secretain, vivant greffier de Couëron, et leurs enfants; la dame veuve du feu sieur de la Civellière, vivant conseiller au Présidial de Nantes, comme héritier de feu M. Jean Cailleteau, sieur de la Chasseloire, aussi conseiller au dit Présidial, et de noble et discret messire Jean Garreau, chanoine de Nantes, sieur de Boisthoreau; Marguerite Trottier, femme de Jean Lami; Jean Rouziou et Perrine Secretain, sa femme; Jean Ridet et autres, leurs consorts, lesquels doivent, sur la dite tenue et logement au dit terme, trente sols quatre deniers monnoie de rente féodale et en juridiction.

3. Plus sur le *pré* du *Bourg*, autrefois appellé la Fontaine-Guillet que possède actuellement la dite

veuve Christophe Secretain, héritière de Roberde Piau et cy devant possedé par Pierre Cyvel quatorze deniers monnoie aussi de rente et cens par chacun an.

4. Sur le pré appellé la Fontaine-Glette, à present tenu et possedé par Guillaume Pasquer en son nom d'héritier de Pasquer, aussi quatorze deniers monnoie par an de cens et rente.

5. *Item* sur une planche de terre appellée la planche Benoit, à present possedée par la veuve et héritiers de François Secretain et honorable homme René Guillard, pareille somme de quatorze deniers monnoie chacun an au dit terme, de rente féodale au dit terme.

6. Sur la Saulsaie, vulgairement appellée la Fontaine des Latirois et que possedoit autrefois messire Jean Brossard, recteur des Touches, aussi quatorze deniers obole de rente et cens par an.

7. Sur le village de la Colleraie, autrefois dit... une pièce de terre que possedent à present Hervé Loyer et consorts, enfants de Guillaume, comme héritiers de Renée Audren leur mère, Pierre Deniaud fils Pierre, Guillaume Pasquer fils Marc et autres leurs consorts, doivent aussi solidairement trois parcelles de rentes féodales, savoir seize deniers deux sols, six deniers, et deux sols onze deniers, le tout monnoie, chacun an.

8. *Item* sur le fief du Moulin proche de l'Etang du Vieil Moulin, à present possedé par noble et discret messire Julien Pageot, chanoine de Nantes, Jeanne Brosseau, veuve de Sebastien Langlois, Marie des Mor-

tiers et autres, 18 deniers monnoie de cens et rente chacun an.

9. Comme aussi par le pré et Saulsaie nommés la Rivière de la Fontaine le Courtil René à la Trourie, possedé à present par le dit sieur Pageot, est due quatre deniers obole de rente et cens chacun an.

10. Plus est due sur une pièce de terre le Bois aux Chevaliers, à present possedée par la dite veuve Secretain, Guillaume Vinaud, Pierre Deniaud fils Pierre et autres, huit deniers monnoie chacun an de rente féodalle.

11. Sur la pièce de terre appellée vulgairement la Groulastière, à présent possedée par Jean Rouziou et femme et Jean Rouault, gendre de Pierre Deniaud, est deub six deniers monnoie de rente et cens chacun an.

12. Encore est deub sur une pièce de terre aussi vulgairement appellée la Déluzière, à present possedée par Guillaume Vinaud, Julien Guillard fils Julien, 18 deniers monnoie de rente et cens et quatre deniers obole aussi par chacun an de rente et cens.

13. *Item* sur une pièce de terre cy devant appellée la Marchecoulière et à present la Blanchais, possedée par la dite dame de la Civelière Viau comme héritière du dit feu Cailleteau, la dite veuve François Secretain, Julien Guillard fils Julien et autres est deub quatre deniers monnoie de la rente féodalle et aussi solidaire chacun an.

14. *Item* sur une pièce de terre appellée le fief

Heric, que autresfois possedoit les Héraults et à present possedée par.... est deubs cinq sols, rente et cens par chascun an.

15. *Item* sur une pièce de terre appellée le fief de la Loairie que cy devant possedoit Martin Durand, cinq sols de rente et cens chascun an.

16. Julien Buron et Jean des Mortiers, possesseurs de la terre appellée de la Brehendière, doivent aussi de rente seigneurieuse, chacun an deux sols monnoie.

17. Sur une pièce de terre appellée le fief du Pertuis, possedée à present par le dit Hervé-Loyer et ses consorts héritiers de la dite Renée-Pierre Déniaud fils Pierre, Jullien Guillard et autres est deub 16 deniers monnoie par an de cens solidaires comme cy devant est dit.

18. *Item* sur une pièce de terre appellée antiennement le fief Laurent et que possedoit au dit temps Pierre Civel et à present.... et consorts 14 deniers monnoie aussi de rente et cens par an.

19. *Item* sur les prinses terres et prés de feu Thomas Brossaud et sur la tenue du *Bourg* que jadis tenoit et possedoit Jean Vrignaud et consorts et à present par   et autres est deub dix sols de rente et cens aussi chacun an.

20. Au fief Launay, autrement les champs Bœufs à present possédé par les dits veuve et héritiers de Christophe Secretain et François, Pierre Deniaud fils de Pierre,

les dits Loyer, Jean Rouziou et autres, lesquels doivent solidairement chacun an de rente en fief et cens quatorze deniers monnoie.

21. Comme à pareil, sur la tenue Lambert autrement la Lamberdière à present possedée par Thomas Bernier et femme à cause d'elle, Jean Mabit et Pierre Richard est deubs deux sols six deniers monnoie par an terme de l'Angevine de rente féodalle et cens.

22. *Item* sur le fief autrefois appellé la Marcheilière que jadis jouissoit Jean Coussardière et leurs consorts et à présent.... et consorts, trois deniers obole aussi de rente et cens par chacun an.

23. *Item* sur une autre pièce de terre cy-devant appellée le fief aux Rabeaux que ledit Pierre Civet jouissoit lors et à présent   est deub trois deniers de cens et rentes par chascun an.

24. *Item* sur le fief du Moulin-Puisart que jadis payoit Jean Le Roy, six deniers aussi de cens et rentes par chascun an.

25. *Item* sur le lieu et tenue de la Haute-Forêt, à present possedés par les héritiers de nobles gens Jacques et François Brochard est deub par une part huit sols six deniers monnoie au terme de Toussaint et huit boisseaux de blé seigle mesure nantaise, le tout chacun an de rente féodalle à la dite dame Prieure.

26. *Item* sur le tenement qu'autrefois Simon Rivière possedoit et à présent   seize deniers de cens et rente par chascun an.

27. Le village de la Bigeottière à présent possedé par Jacques Guillard fils Julien, Guillaume Pasquier, gendre de Julienne d'Orvault et autres leurs consorts, doivent chascun an à la dite dame de la Barre de Saulnay, à cause de son dit Prieuré de Bois-Garand sur le village et dependances d'icelui les deux parcelles de dix-huit sols pour une part et huit deniers, le tout monnoie de rentes féodalles et solidaires chacun an audit terme d'Angevine.

28. Sur la pièce de terre nommée la Mare-Pasquier et cy devant appellée les Marreaux et possedée à present par Jean Pousteau est deubs huit deniers monnoie de rente, et rente par chascun an à la dite juridiction au dit terme.

29. *Item* sur le fief du Moulin qu'autresfois tenoit Jean Vinaud et à present par est deubs deux deniers aussi de cens et rente par chacun an au dit terme.

30. De plus sur la pièce de terre appellée le champ de la Lande près la Haute-Forêt, à present possedée par la dite veuve de Christophe Secretain, Julien Buron, Guillaume Bretescher et autres qui doivent solidairement les parcelles de rentes et cens six deniers, neuf deniers et encore neuf deniers, le tout monnoie chacun an au dit terme de N.-D. l'Angevine.

31. Outre sur la pièce appellée la Rivière autrement la Croix-Hamon, à present possedée par Jean Mabit, gendre de Pierre Ricordeau, Pierre des Mortiers et consorts, enfants de feu Julien des Mortiers est deubs

au dit terme chacun an quatre sols monnoie de rente et cens à la juridiction.

32. Le village de la Brientière, autresfois appellé la Hus-Brient, présentement possedé par Pierre Pousteau fils Jean, et Guillaume Bretescher fils Mathurin, est deubs dix sols huit deniers, monnoie chacun an de rente féodalle et cens au dit terme.

33. *Item* sur une pièce de terre appellée la Refoulière que tenoit cy-devant Olivier Simon et à present Maurice Desmortiers à cause de ses enfants et Jean Ménager, propriétaire, est deubs quatre deniers monnoie au dit terme.

34. La pièce de terre appellée le Gué-Piau possedée actuellement par la dite veuve et héritiers de François Secretain, Julien Guillard fils Julien, Pierre des Mortiers et Jean Mabit et autres doivent chacun an audit terme d'Angevine quinze sols de rente, cens et juridiction.

35. Comme aussi est deubs sur les pièces de terre appellées le Redouais, à present possedées par Jean Mabit, Pierre Deniau fils Pierre, Jean Rouziou, sa femme et autres trois sols quatre deniers monnoie de rente féodalle chacun an au dit terme.

36. Sur le moulin de Naud à present arrenté par Jean Buron du sieur du fief de L'Isle, est deubs chacun an au dit terme 20 sols monnoie de rente à la juridiction de Bois-Garand.

37. *Item* sur une pièce de terre appellée Le Brossais

de la Noë-Garnier, au village des Goulets, que possède à present Claude Loriot, sieur de la Noë, et ses consorts est deubs chascun an au dit terme quatorze deniers monnoie de rente féodalle.

38. Le village de la Trourie à present possedé par noble et discret messire Julien Pageot, chanoine de Nantes, Jeanne Brossard, veuve de Sebastien Langlois, Perrine Mabit, veuve de Jean Ricordeau, Jean Menager son gendre et autres doivent à la dite juridiction neuf sols monnoie de cens et rente chacun an au dit terme.

39. *Item* sur le village de la Trimossière que possede actuellement la dite dame de la Civellière, comme héritière du dit feu S. de la Chasseloire, Cailleteau, les héritiers de feu S. de la Pénissière Avril, Jacques Guillard fils Julien et autres est deubs dix sols quatre deniers monnoie, chacun an de cens et rente.

40. Plus la pièce des Bois-Brossaud, autrefois Marcheitière ou Massicotière, dont sont à present possesseurs le dit sieur Pageot, chanoine et le S. du Bouffay Fremon, conseiller au présidial de Nantes, est deubs neuf deniers obolle pour une part et quatre deniers obolle par une autre de rente chacun an au dit terme de cens et juridiction.

41. Encore sur le lieu appellé la Rivière et dependances vulgairement appellé maison Civet, possedée à present par la dite veuve de François Secretain et René Guillard qui en sont à present possesseurs est deubs

quatre sols monnoie, obolle de rente féodalle, chacun an, au dit terme.

42. Sur une pièce de terre appelée le Champ aux Rondeaux, à présent les Jarnaux, possedée à present par la dite veuve François Secretain, Jean Rouziou et René Guillard, est deubs de rente noble et foncière, à la dite juridiction seize deniers par une part et autre, seize deniers par une autre, le tout monnoie et solidaires chacun an, au dit terme de N.-D. l'Angevine.

43. *Item* sur la Chenaie appelée la Rivière, autrement le Buchelier-Civet qui est commun entre la dite veuve et héritiers François Secretain et le dit Guillard, qui en sont à present possesseurs, est deubs quatre sols monnoie obolle de rente féodalle chacun an, au dit terme.

44. Sur un logis, emplacement et appartenances d'icelui situé au devant de la dite Chapelle de Bois-Garand, à present possedé par la dite veuve et héritiers de François Secretain, est deubs trois deniers monnoie de rente et cens chacun an, au dit terme.

45. *Item* sur la pièce de terre appellée la *Prieure,* possedée à present par le dit sieur Pageot, chanoine, est deub, chacun an au dit terme à la juridiction huit sols monnoie de rente.

46. Sur la pièce de terre appellée le Pont-Barbotte, que possede le dit Pageot est deubs, chacun an un demi boisseau de seigle de rente au dit terme de l'Angevine à la juridiction.

47. Sur la pièce de terre appellée le Taillis de la Boulas, à present possedée par le dit sieur de la Noë, Loriot et ses consorts, est deubs deux parcelles de rente de quatre deniers et neuf deniers, le tout monnoie chacun an au dit terme à la juridiction.

48. Plus sur la pièce de terre nommée les Crépinais de la Rivière, que possede à present la veuve et les héritiers de François Secretain, le dit Hervé Loyer et consorts, est deubs chascun an un denier au dit terme et juridiction.

49. *Item* est deubs sur la pièce de terre appellée le Bois-Regnier, possedée par le dit Mabit, et René d'Orvault et autres, vingt sols monnoie, chacun an de rente aussi féodalle et solidaire au dit terme.

50. Plus aux Goulets est deubs sur un petit enclos, etant au devant de la maison de feu Pierre Choimet et Claude Geraud sa veuve, à present possedé par Giles Choismet fils René, cinq sols monnoie de rente et cens chacun an au dit terme Angevine.

51. *Item* sur le *pré de la Garenne,* à present possedé par la veuve *René Tronczon,* est deubs dix deniers monnoie par an, au dit terme Angevine au dit fief de Bois-Garand.

Autres cens et devoirs, rentes inféodées dues à la dite dame PRIEURE de Bois-Garand, au terme de Toussaint par chacun an :

Premier.

Sur l'*herbregement* et appartenances qu'autresfois Jean Vinaud et Jean Chastellier possedoient et à présent.... est deubs dix huit deniers de cens et rentes chacun an.

Item sur une pièce de terre appellée le *Pré du Bourg,* que tenoit autresfois Pierre Civel, quatorze de cens et rentes, chacun an.

Item sur le fief de la Marre-Pasquer que cy devant Olivier Simon et Jean Chatellier à cause de sa femme, possedoient, deux deniers obolle chacun an, au dit terme.

Item sur une autre pièce appelée la Deluzière, cy devant possedée par Jamet et par Brossaud et consorts, huit deniers monnoie de rente féodalle par an.

Item sur une autre pièce de terre appellée le fief Hameline du Chêne-Civel, que jadis payoit Martin Durand et autres consorts quatre deniers monnoie, chacun an.

Item sur le champ de la Lande, neuf deniers de rente féodalle, aussi par an au dit terme par les susdits.

Sur les héritages que tenoient antiennement Martine Lepêcheur et Mathurine Tronczon, douze deniers monnoie de rente et cens chacun an.

Item sur le Champ de la Lande que possedoient les

cy devant sus nommés neuf deniers monnoie de rente féodalle, chacun an.

Item sur une pièce de terre appellée le *Herbergement du Bourg,* que tenoient cy devant Olivier Simon, et Julien Guichard, onze sols de rente et cens aussi chacun an au dit terme.

Item sur une pièce de terre appellée la Blanchais, possedée cy devant par Jean Vinaud, Jean Chatellier et autres, est deubs quatorze deniers de rente et cens chacun an.

Autres cens debvoirs inféodés dus à la dame *Prieure,* en sa dite seigneurie du dit Bois-Garand, au terme de Noël et aux droits féodaux, comme dit est :

Premier.

Les hoirs de feu Mathurin Maurisset sur les premières nouvelles prinses près la forret de Saultron et près le *Bois-Thorreau* est deubs huit sols monnoie de rente et cens, chacun an.

Item sur le *Hebergement* que autrefois tenoit Pierre Civel, douze deniers monnoie de cens et rente par chacun an.

Item sur la Bauche que cy devant le dit Civel possedoit, trois deniers obolle de rente et cens par chacun an.

Item sur une pièce appellée le *Courtil du Bourg* que en aucun temps Sixte-François et Olivier Simon étoient jouissants, douze deniers de rente et cens par chascun an.

Item sur les terres prinses et prés qui furent autrefois à Jean Chatellier le jeune, à cause de sa femme et consorts, dix sols de cens et rente monnoie deubs chacun an, au dit terme.

En la paroisse de Vigneux et bailliage d'icelui, membre et fief dependants du dit Bois-Garand :

Sur une pièce de terre située en la dite paroisse de Vigneux entre terre d'un côté et d'un bout à la terre du seigneur duc de Rohan, d'autre bout la terre du seigneur de Sévigné, d'autre bout à la terre du seigneur de la Joue, entre lesquelles bornes il y a trois villages, l'un desquels est nommé la Haute-Noë; le second, le Haut-Vernay et l'autre tiers dernier...

Sur les quelles terres et villages est deub à la dite dame Prieure, à cause de son dit Prieuré de Bois-Garand, la moitié de toutes les dixmes soient tant de froment, seigle, avoine, lin, chanvre, mil, pois, fève et laines que tous autres fruits y croissants, qui contiennent cent journaux de terre ou environ, les quelles terres et bornes sont situées entre le bourg de Vigneux et le village de la Pinellière, la Haute-Gélelière et la Hennonière.

Et sont, outre les dites choses cy devant, sujets aux droits féodaux et seigneuriaux quant le cas y échet.

D'avantage est deub à la dite dame Prieure à cause de sa dite juridiction dix deniers monnoie de rente, chacun an, au dit terme Angevine tant par les héritiers de feu Jean Allain et autres possédants les dits héritages, au dit bailliage de Vigneux.

Déclare outre la dite dame de la Barre de Saulnay, comme dit est, la *cour et juridiction de S. Cyr et* sainte *Julitte, alias saint Léonard à Nantes,* s'etendant tant en la ville qu'au faubourg du dit Nantes, du côté vers Saint Clément et Saint André, en ce qui appartient à la dite dame *Prieure.*

Et premier.

La maison et hebergement avecq toutes et chacunes ses appartenances qu'elle a et lui appartiennent en la dite paroisse de Saint-Léonard, tant en la dite ville que hors d'icelle avec ses hommes tenants d'elle en juridiction et seigneurie, rentes, devoirs et obéissance et tous autres revenus qu'elle a et lui appartiennent en la dite paroisse de Saint Léonard.

SAVOIR :

Du costé de la paroisse de S. Similien à aller à la rivière d'Erdre qui descend des moulins de Barbin aux moulins des Halles du dit Nantes qui sont situés près la tour Chauvin et porte S. Pierre, conduisant par le dedans de la douve et tour ou se tire le Papegay autrement le Papegault des arquebusiers et albalestriers du dit Nantes et traversant les jardins et église du couvent des Cordeliers de la dite ville jusque sur le pavé qui conduit du Port Communau au carroir Saint Jean d'un bout; les vieils murs de la dite ville, joignant l'église du dit S. Léonard, d'autre bout à aller aux maisons, jardins héritages dépendants de la *chapellenie des Carons* compris, situés au faubourg Saint André, paroisse de S. Clément lez Nantes, à la dite porte Saint Pierre et tout ainsi que se poursuit et contient les dits fiefs et juridictions entre les dites bornes.

Sur et par cause des dites choses cy dessus est deub à la dite dame Prieure aux termes qui ensuivent, savoir :

Au terme de saint Jean Baptiste, la dite dame de la Barre de Saulnay, *Prieure,* a droit d'avoir et prendre par chascun an, les sommes de deniers rentes et censíves en la forme et manière qui ensuit.

Sur la maison et appartenances d'icelle, circuits de murailles, dependants de la *chapellenie de S. Joseph*, située rue Garde de Dieu, d'un côté l'écurie du feu seigneur President des Burons, d'autre côté le logis de la *chapellenie de S. Michel,* par les derrières les anciens murs de la ville, par devant les dits murs de la rue Garde de Dieu qui descend des Cordeliers à l'église S. Léonard que possedoit cy devant dame Guyvau-Bourriau, cause ayant de messire Jean Guerin, vivant chapelain de la dite chapellenie possesseurs des dites choses, et à present dame Françoise de Moire, veuve de messire Jean Sallomon, seigneur de Beafort, maitre des comptes, est deub de cens et rentes en icelle juridiction, soixante sols monnoie chacun an au dit terme.

Comme aussi la maison de la dite chapellenie S. Michel doit droit d'obéissance à la dite dame *Prieure.*

Item les S. maire et echevins de la ville de Nantes, doivent chascun an au dit terme de rente et juridiction à la dame *Prieure* pour leur maison et jardin appellés la Butte situés à vis la grande porte de l'église S. Léonard et où tirent les chevaliers de l'arquebuse, 30 sols monnoie payable par leur miseur.

Et en outre les dits sieurs doivent chacun deux fois dix huit sols quatre deniers à la juridiction sur *les moulins et pecheries des Coustants,* situés entre la porte du Port Communau et les logis de feu S. Michel Bernard, charpentier et par le derrière les nouvelles murailles de la ville et rivière d'Erdre, et par le devant la rue qui va de la rue S. Léonard au Port Communau.

Comme aussi sur les maisons que possedent à present les enfants et héritiers de feu noble homme François le Breton, sieur de Blottereau, situées dite rue Garde de Dieu, faisant le long d'un costé, près le dit couvent des Cordeliers, d'autre coté la dite écurie aux héritiers de feu S. president des Burons, par derrière, le logis du prieur de S. Jean, et par le devant la dite rue Garde de Dieu à celle des Cordeliers au dit S. Léonard est deub quatre livres sept sols, six deniers au dit terme S. Jean-Baptiste de rente en juridiction à la dite dame *Prieure.*

Pareil, les sieurs chefciers, chanoines et chapitres de la collégiale de Nantes, à cause de la *chapellenie de S. Raphaël* de la quelle dependent jardins et maisons situés dite rue Garde de Dieu, d'un costé la maison du dit Petit-Bois-Jouan, d'autre costé le jardin aux héritiers du dit sieur président des Burons; par le devant de la dite rue Garde de Dieu, à aller aux dits Cordeliers, où est à présent demeurant noble et discret messire Besson, chanoine de la collégiale, doivent chacun an de rente en juridiction seize sols monnoie au dit terme.

Item est deub à la dite dame *Prieure,* à cause de son dit Prieuré, six livres monnoie chascun an au dit terme de S. Jean et qui se payoit autrefois au terme de Pasques fleuries sur la rente de la prevoté et domaine de sa majesté au comté de Nantes et qui se paye par le receveur ordinaire d'icelle.

Sur une maison, jardin, appartenances sises en la rue Garde de Dieu, possedée autrefois par M. Jean Le Roy et à present par les héritiers de Brossaud est deub trois sols six deniers monnoie de cens chascun an au dit terme.

Les possesseurs de la maison Ste Luce, sise rue Garde de Dieu que possedoit autrefois feue noble dame Michel de la Barre le Duc, dame de Bois Rouault, soixante seize sols monnoie, aussi de cens et rentes chacun au dit terme.

Sur les maisons, jardin et dépendances de la *Cha-*

pellenie de Torcé, situés à l'entrée de la motte et du faubourg S. André cy devant cimetière et paroisse de S. Léonard et à present paroisse de S. Clément lez Nantes à present arrentés par les dits sieurs chefciers, chanoines et chapitres de la collégialle de Nantes et aboutant à la riviere d'Erdre et par le devant de la dite motte S. André, d'un costé les heritiers de feu Jean Augereau tanneur et d'autre costé le passage pour aller au port de la Grosse-Tour est deub chacun an au dit terme, deux sols six deniers monnoie de rente et en juridiction à la dite dame Prieure.

Item sur les maisons jardins, tanneries situés au dit faubourg à present possedés par les honorables personnes Antoine Rodrigue et Catherine Augereau sa femme, heritiere du dit feu Jean Augereau borné d'un costé au dit logis de la dite *Chapellenie de Torcé,* d'autre costé la *Chapellenie des Carons* d'un bout la dite riviere d'Erdre, d'autre bout par le devant de la dite motte S. André est deub trois sols 1 denier obolle de rente et cens par chascun an.

Sur les maisons et jardins dependants de la dite *Chapellenie des Carons,* situés au dit faubourg S. André, bornés d'un côté au dit Rodrigue et femme, d'autre côté la chapellenie dépendante de S. Pierre de Nantes d'un bout à la dite rivière d'Erdre et par le devant la dite motte S. André que possedoit cy-devant messire François le Vasseur sacriste de la dite collegialle de Nantes et à present possedé par Jan, clerc tonsuré, chantre de la dite collegialle est deubs de rente en la juridiction à la dite dame *Prieure* chacun an au dit terme, deux sols six deniers monnoie.

Item sur une maison située au Port Communau qui fait le coing et l'entrée de la rue des Caves à aller à la Chambre des Comptes qu'autrefois étoit possesseur en partie Pierre Tessier, à present les héritiers de la D^{lle} Bellot, borné d'un côté et d'un bout le corps de garde du dit Port Communau, d'autre côté maison au sieur du Verger Macé, et par le devant la dite rue des Caves est deubs dix-huit deniers monnoie de rente et cens par chacun an au dit terme.

Item sur une maison située en la dite rue des Caves près les murs de la ville qu'autrefois tenoit messire Hervé Menagé pretre et Yves Leduc chaplain de la *Chapellenie de la Saillière* et depuis messire Jacques Levand pretre et à present possedée par messire Michel Moussay pretre, borné d'un côté le sieur du Verger Macé, d'autre côté le sieur de la Baronnaye-Chauveau, pretre, héritier de feu nobles gens Isaac Chauveau et de Louise Felletau sa femme, par les derrieres les dits murs et par le devant la dite rue des Caves, allant à la Chambre des Comptes est deubs trois sols six deniers monnoie de rente et cens, chacun an au dit terme.

Item est deub au dit *Prieuré,* S. Cyr et Ste Julitte deux parcelles de rente sur les maisons et jardins de la Baronnaye-Chauveau, et sa sœur héritiers de la dite Feilletau qui etoit fille et héritière de D^{lle} Roberde de

Hubert, cause ayants et héritiers de maître Jacques Hubert, borné d'un côté la dite *Chapellenie de la Saillière* d'autre côté la porte de la Chambre des Comptes, d'un bout les nouvelles murailles de la ville et par le devant la dite rue des Caves, savoir deux sols six deniers et dix-huit deniers monnoie, chacun an au dit terme de la S. Jean Baptiste.

Item sur une maison et appartenances sise en la dite rue Garde de Dieu près laquelle etoit demeurant et possesseur madame Guillaume Gauthier est deub trente sols de rente aussi monnoie chacun an, au dit terme à la dite juridiction.

Autres cens, devoirs et rentes féodalles deubs à la *Prieure* au terme de St-Martin d'hyver, onzième novembre par chacun an :

Premier.

Sur les *moulins,* logements et *pecheries des Coustans* arrentés par les dits maire et echevins du dit Nantes cy débornés, est deubs à la dite dame *Prieure* chacun an au dit terme, quatre septiers de froment par une part et *trois cents soixante-quatorze pimpeneaux et les deux parts d'un pimpeneau par autre.*

Plus six journaux de pré, appartenant à la dite dame *Prieure,* à cause de son dit Prieuré, situés en la prairie de la petite Hanne, appellée la prée de la Magdeleine vis à vis le château du dit Nantes.

Autres cens devoirs et rentes infeodées deubs à la dite dame *Prieure* au terme de Noël en sa dite juridiction de la maniere dont il est mention cy-dessus:

Premier.

Les propriétaires de la maison, jardin, appartenances de la *Chapplanye de Torcé,* dependante de la dite Collegiale de N.-D. de Nantes et arrentés au dit..... comme dit est deborné cy devant est deubs deux sols monnoie de rente et cens au dit terme.

Item sur la dite maison, jardins, et tanneries aussi cy devant debornés, possedés par le dit Rodrigue et femme, heritiers de Jean Augereau, trois sols un denier obolle de rente et cens deub par chacun an au dit terme.

Item sur les dits logis, jardins et dependances de la *Chaplanie des Carons,* au dit faubourg St André, deux parcelles de rente en juridiction chacun an au dit terme, de deux sols six deniers monnoie.

Item sur la dite maison et appartenances situés au dit coing de la rue des Caves près le dit Port Communau, et comme on va à la Chambre des Comptes que tenoit cy devant Pierre Texier à present les héritiers de la demoiselle de la Gallemelière Bellot, dix-huit deniers monnoie au dit terme de chacun an de cens et rente.

Item sur la dite maison de la *Chapplanye de la Saillière* rue des Caves, deux sols six deniers monnoie par an au dit terme de cens et juridiction.

Sur les dites maisons, jardins des dits Chauveau, cause ayants de la dite Hubert, près la dite porte de la cour de la Chambre des Comptes, est encore deubs deux fois deux sols, six deniers monnoie à la dite dame *Prieure* sur son dit Prieuré.

Les possesseurs de la dite maison de Ste Luce située rue Garde de Dieu que tenoit autrefois la dite dame de Bois-Roault, soixante-seize sols de rente par chacun an au dit terme.

Item sur une autre maison et appartenances en la dite rue Garde de Dieu que tenoit en son vivant messire Guillaume Gautier et à present est deub à la dite juridiction trente sols de rente chacun an au dit terme de Noël.

Item est deub à la dite dame *Prieure* dix sols monnoie de cens et rente aussi par chacun an, qu'elle a droit de prendre à cause et pour raison du lieu ou emplacement où est construit et édifié le logis et maison de la Chambre des Comptes, payable au terme de Pasques fleuries et S. Jean sur les deniers de la recette de Nantes.

Item le don et minage qu'elle a et lui appartenant qu'elle prend et lève en la dite Prévosté de Nantes par chascun an, savoir est deux deniers par chascun challan toutes les fois que l'on mesure le sel ou bien mines, le dit sel passant par sous les ponts de Nantes, allant au pays d'amont.

Item les coutumes et devoirs qu'elle a droit de

prendre et lever par chascun an en la dite ville de Nantes aujourdhuy fête de Nostre-Dame de mi-août.

Autres cens et rentes féodalles deubs chascun an à la dite dame *Prieure* en la paroisse de Carquefou, à raison de sa juridiction au dit terme de S. Martin d'yver, autres droits seigneuriaux et féodaux ainsi qu'il est déclaré cy-dessus :

Premier.

La cure de Carquefou, sur un quartier de vigne appellé le Faneau, quatre sols monnoie de rente et cens par chascun an.

Item sur le courtil appellé Courtil de la Geraudière qu'avoient de coutume tenir Guillaume Métayer et André Busson, quatre deniers aussi de cens et rente par chascun an.

Item sur le quartier Ricordeau qu'autrefois tenoit Olivier le Gras et Michel Guillemin à cause de leurs femmes, quatre sols de rente et cens par chacun an.

Item sur la vigne Rambault qu'autrefois tenoit Philipon Moreau, six deniers de rente et cens par chacun an.

Ensuite les charges et devoirs que doit la dite dame *Prieure* aux cy-après nommés sur et pour cause de son dit Prieuré :

Premier.

Doit la dite dame *Prieure* chacun an au jour et terme de Noël à MM. les dignités et chanoines de S.

Pierre de Nantes, qui assistent la nuit de la dite fête en la dite église et au service, à chacun des dits sieurs un pain blanc d'unze onces et une mesure de vin à chacun d'eux.

Item doit la dite dame *Prieure* au sieur recteur de S. Léonard de Nantes, de laquelle elle est présentatrice lorsque l'heure et le cas advient, la somme de neuf livres douze sols six deniers monnoie.

Plus doit la dite dame *Prieure* au dit s. recteur vingt cinq boisseaux de froment et trois septiers de seigle, le tout mesure nantaise chacun an.

Qui est tout ce que la dite dame possede sous le fief de sa majesté, donnant le présent aveu pour vrai et absolu sans vouloir y ajouter ni diminuer.

Et pour icelui presenter à nos seigneurs de la Chambre des Comptes de Bretagne à Nantes, en requerir et en poursuivre la reception, la dite dame Prieure a nommé et constitué son procureur spécial et général maître Pierre Bouchaud, procureur en la dite Chambre des Comptes avec tout pouvoir à faire, sans en faire de revocation, et pour faire publier le dit aveu au présidial de Nantes, la dite dame Prieure a pareillement constitué et nommé maître Pierre Potier, procureur au présidial, procureur général et spécial avec tout pouvoir à ce faire.

Fait et passé dans le dit parloir de la dite abbaye du Ronçeray d'Angers, le vingt et troisième jour de novembre mil six cents quatre vingt deux : et a la dite dame *Prieure,* signé le present aveu et fait signer à sa requête par les notaires royaux à Angers soussignés et fait sceller du sceau royal et du sceau de ses armes.

Ainsi signé Sr Marie de la Barre Saulnay. Gendron notaire, et Garnier notaire.

(*Conforme à la copie communiquée par M. Ramet, archiviste à la préfecture de la Loire-Inférieure*).

Dépôt aux archives à Nantes.

NOTES ADDITIONNELLES

*Extraites de l'ouvrage intitulé l'*ANJOU ET SES MONUMENTS, *par Godard-Faultrier, avocat. Angers,* 1839, *t. I.*

PRIEURÉ.

Page 388.— « L'un des puissants moyens de répandre les lumières chrétiennes et d'enrichir les campagnes, fut le Prieuré, émanation du monastère. Les religieux choisissaient une terre fertile, ordinairement située sur le bord d'une rivière, d'un fleuve, d'un ruisseau ou d'une fontaine; au centre, ils bâtissaient un clocher, point de mire de la population. Une maison curiale, d'un effet champêtre, adossée au chœur de l'église; une seconde, servant à l'exploitation du domaine, offrait son abri aux colons, aux troupeaux dont les bêlements se mêlaient, le dimanche, aux hymnes de l'église. Les morts sommeillaient à l'ombre du clocher, dans le cimetière; le soir, les colombes de la métairie voltigeant autour des fosses et des tombes, semblaient les âmes des trépassés. Un moulin à eau, environné de prairies, venait habituellement prêter au Prieuré son charme pittoresque; le bruit des palettes, uni aux chants des oiseaux, perchés sur les ormeaux et les grands chênes, complétait l'enchantement du paysage. La religion savait aussi empreindre d'un caractère sacré ces champêtres retraites; elle élevait des croix dans les carrefours, et plaçait des statues de la Vierge sur les murs des enclos de vignes; car le fruit de la vigne, pris dans l'Écriture comme le sang de J.-C., était l'objet d'une culture particulière. Les moines choisissaient une pente vers l'Est ou le Midi, bien brûlée par le soleil, et l'entouraient d'une enceinte de pierres afin de la préserver des vents de rafale. L'enclos prenait ordinairement un nom chrétien: il s'appelait ici le *Salut,* ailleurs, la *Croix.* Les champs de la métairie portaient des noms de saints: les uns se nommaient de *Saint-Maur,* de *Saint-Florent,* de *Saint-Aubin;* les autres, la *Messe,* l'*Autel.* En mettant ainsi la terre sous les ailes de la Providence divine, on avait l'espoir que celle-ci veillerait à la réussite des moissons. Saintes croyances!... vous souteniez le colon dans ses fatigues et l'empêchiez de regretter ses sueurs, par l'espérance qu'il avait de les voir productives!... Les grandes abbayes, telles que Saint-Serge, Saint-Aubin, le *Ronceray,* Saint-Nicolas, Saint-Maur, Saint-Florent, possédaient un grand nombre de prieurés-cures, sur lesquels les évêques n'avaient d'autre autorité que celle d'ordonner le prêtre desservant. Le prieuré relevait le plus souvent des abbés quant au temporel, au patronage et à la présentation, et de l'évêque quant à l'ordination et à l'acceptation. Une charte, dont l'original est à la Préfecture sépare nettement les droits conventuels des droits épiscopaux. C'est une bulle du pape Innocent, datée de l'an 1142, adressée aux moines de Saint-Florent de Saumur. En voici la traduction : « D'après la sentence de notre prédécesseur de sainte mémoire, le pape Urbain II, nous confirmons ce qui suit, savoir que les abbés devant prendre conseil des évêques, pour placer des prêtres dans les églises paroissiales qui leur appartiennent, il convient, dans l'intérêt de la paroisse, que ces hauts dignitaires ecclésiastiques s'entendent entre eux ; de la sorte, les prêtres qu'ils commettent relèvent de l'évêque quant aux soins à porter aux peuples et de l'abbé quant aux choses temporelles du monastère ; par ce moyen les droits de chacun seront conservés. »

Abbaye de Sainte-Marie de la Charité,
Alias *le Ronceray.*

Page 116. — Comme le rappelle l'auteur, les chrétiens d'Angers, au Ve siècle, sur les ruines d'un temple de Jupiter Capitolin, hors des murs, élevèrent une chapelle dédiée à Marie, la première en cette ville, où plus tard devait être si célèbre celle de N.-D. du Ronceray.

Page 132. — En 511, à la suite du Concile National

convoqué à Tours, par ordre de Clovis, les révérends S. Aubin, évêque d'Angers, S. Melaine, évêque de Rennes, S. Mars, évêque de Nantes, et Victor, évêque du Mans, émus de dévotion en certaine chapelle d'Angers en l'honneur de la glorieuse vierge Marie, *au lieu où de présent est le monastère de N.-D. du Rousseray (Ronceray)*, S. Melaine voulut célébrer la messe à tous les évêques dessus dits, et après la messe dite, S. Melaine par fraternelle dilection à chacun présenta la sainte et sacrée hostie.....

Page 338. — Au Xe siècle, Foulques-le-Bon, dévot au culte de Marie, fit bâtir, sur la rive droite de la Maine en son honneur... une abbaye de dames moniales... une belle église... qui de présent est appelée N.-D. du Ronceray (d'une vierge trouvée parmi les ronces)... auquel lieu par avant n'était fors qu'un petit oratoire sous terre... L'entrée du quel par longtemps a été close et murée... mais en l'an de grâce 1527, a été retrouvé et ouvert le dit oratoire, lequel chacun peut voir sous l'autel du Ronceray. (Bourdigné, feuillet 54.)

Page 338. — « L'acte de dédicace, dressé en 1119, rapporte que le pape Calixte II consacra l'autel de Ste Marie de la Charité. Nulle part il n'est fait mention du Ronceray. Cette abbaye nous semble avoir été ainsi désignée vers le XVe ou XVIe siècle; ces termes de Bourdigné, « *de present est appellée N.-D. du Ronceray,* » portent naturellement à croire que l'abbaye prit ce nom vers le temps où vivait notre vieil annaliste. Ne serait-ce point vers 1527, date de la découverte du *petit oratoire sous terre,* resté clos et muré durant des siècles?... Des bâtiments construits par ordre de Foulques-le-Bon, il ne reste rien aujourd'hui; les vieilles ruines actuellement existantes doivent dater de Foulques Nerra qui nous apprend lui-même, dans sa charte de fondation, qu'il fit rebâtir de fond en comble l'abbaye, à la réserve cependant de l'autel souterrain, sur lequel le bienheureux S. Melaine, au Ve siècle, célébra la sainte messe en compagnie des évêques Aubin, Melaine, Launus, Victor et Mars. »

Page 374. *Abbaye de la Charité dite du Ronceray.* « Foulques Nerra la reconstruisit complétement, et il peut justement en être nommé le fondateur; il existe encore de très-belles ruines de son époque, précieuses pour l'archéologie (Hirel, page 178). Rangeard et Grandet, dans les ouvrages dont nous avons quelques extraits, insérés dans les manuscrits des héritiers Dubois, nous ont conservé la charte de fondation de l'abbaye du Ronceray dont nous traduisons plusieurs passages. La charte commence par une invocation religieuse dans laquelle on remarque que les péchés des hommes peuvent être pardonnés à prix d'argent... *perpecunias, largitionem...* elle poursuit de la sorte...

« Moi, Foulques, comte d'Anjou, Hildegarde, mon épouse, et Geoffroy, notre fils, avons reconstruit, de la base au sommet, la basilique de la bienheureuse Vierge Marie, à la réserve cependant de l'autel, situé dans la crypte, sous la voûte de laquelle le bienheureux S. Melaine célébra jadis la sainte messe en présence des évêques Aubin, Victor, Launus et Mars, crypte trop célèbre par le sacrilége que ce dernier fit en communiant. » Mars avait caché dans son sein l'hostie qui ne tarda pas à se changer en serpent, jusqu'à ce que Melaine, par la prière et l'exorcisme, fit reprendre au pain sa forme première.

A l'occasion de la communion des évêques, alors appelée *Eulogiam Caritatis*, eulogie de la Charité, puis en expiation du sacrilége, on donna le nom de Charité à la crypte de la bienheureuse Marie, qui, bien plus tard, fut nommée le *Ronceray*. La charte nous enseigne que l'évêque Hubert fit la dédicace des nouveaux bâtiments de Sainte-Marie de la Charité. Tout le peuple de la cité et des faubourgs s'y était porté. Foulques établit quatre prêtres chargés, nuit et jour, de veiller et de pourvoir au service des âmes des religieuses de cette abbaye. Ils devaient partager avec celles-ci les bénéfices provenant des sépultures, des annuels, des trigénaires, des septimales, des messes des morts, des basses messes, des baptêmes, des confessions: tels étaient alors les revenus des couvents.

Foulques en joignit d'autres; il concède aux quatre prêtres une arche sur le pont de la Maine, *donavimus etiam presbyteris unam archam super pontem Meduanæ;* ce qui indique un péage, puis 40 arpents de vignes situés près de l'abbaye; 30 arpents de pré au lieu dit les Fosses-sur-Loire ; deux terres allodiales, c'est-à-dire libres de toutes redevances féodales, l'une *ad calvum* avec un moulin ; l'autre nommée l'Alleu de Similiac ; le quart dans les bénéfices provenant d'un moulin sur la Sarthe à Morannes (*in Sarthâ ad Morennam*).

... La charte continue en ces termes : « De l'incarnation de N.-S. Jésus-Christ, Verbe du vrai Dieu, né de l'Immaculée Vierge Marie, l'an 1028, 2es ides de juillet, au milieu de la joie des Angevins réunis, le vénérable Hubert, évêque d'Angers, consacra le monastère de la bienheureuse Vierge Marie, réservé à celles des femmes qui voudraient se vouer au service de Dieu ; il affermit par l'autorité épiscopale toutes choses relatives au dit monastère, et détermina les limites paroissiales, après délibéré en conseil de fabrique, en présence de Burchard, trésorier ; de Gauslin, doyen ; de Girald, archiprêtre, et de beaucoup d'autres. Sont ainsi établies et concédées les limites de la paroisse de l'abbaye ; savoir : à partir de la fontaine Pied-de-Boulet, jusqu'à la fontaine Froide, depuis le lieu nommé *Spinatio* jusqu'au champ de St-Germain. *Sunt autem termini ita constituti et concessi a porta Bouleti usque ad Frigidum fontem, à Spinatio usque ad campum sancti Germani.* »

Nous ignorons quelle est la situation de la fontaine Froide et quel lieu avait nom Spinatio. Quant à la porte Boulet, c'est l'ancienne porte romaine près de la fontaine de ce nom. Le champ de Saint-Germain n'est pas autre que la cour St-Laud. Ainsi voilà deux limites connues qui nous apprennent que la juridiction paroissiale de l'abbaye du Ronceray s'étendait jusqu'aux portes de la cité, au delà de la Maine.

Il semble résulter de ce passage qu'en 1028, Angers était réduit à ses limites romaines, et que la seconde enceinte, élevée par Nerra, est postérieure à cette date. Cependant nous dirons ailleurs que sa construction est plus probable vers 1024 et 1025.....

Tous ces dons du comte d'Anjou, de la comtesse et de son fils, ne suffisent pas à l'acquit de leur conscience; ils accordent en outre à la dite abbaye un vivier de bonne pêche, 30 arpents de pré, le *serf Ermenald avec toute sa famille*, et pour le service des religieuses de l'abbaye, ils font présent d'une *femme* nommée *Ramois* avec *toute sa race*, son fils Girald excepté, puis *d'autres femmes*, notamment *Gerberge et Frédeburgim*...

Foulques termine enfin par une dernière concession: « Nous *donnons*, dit-il, *le droit* de jeter auprès de la dite cité d'Angers, au dessous du monastère, la *seine une fois tous les dimanches*, et nous livrons les *serfs Bernard* avec les *serfs Burchard et Odon*, pour faire la cuisine des religieuses... »

Ici la charte, en finissant, est signée Foulques, comte; Heldegarde, comtesse; Geoffroy, fils de Foulques; Hubert, évêque d'Angers; Burchard ou Bouchard, trésorier; Gauslin, doyen; Primold, archiprêtre.....

... Les vestiges de l'abbaye de Ste-Marie de la Charité

sont encore assez entiers pour nous permettre de rétablir par la pensée l'ancienne église. Ils se composent aujourd'hui de la chapelle de l'Ecole, de la salle servant de lingerie, et de murailles encore debout. D'après ces données, l'église des religieuses, dont les caractères architectoniques sont le plein cintre renflé à sa base, le petit appareil irrégulier surmonté du grand, les chapiteaux feuillés, historiés bibliquement, et grimacés, affectait la forme d'une enceinte à trois nefs correspondant à trois hémicycles..., le tout séparé par une nef transversale, formant la croix avec les autres parties du monument. Les voûtes de l'église sont à plein cintre et séparées par des arcs doubleaux portant sur des colonnes engagées dans des pilastres. L'ensemble de la nef principale se composait de 13 à 14 travées. Les trois du côté de l'Ouest étaient réservées au public; les six qui suivaient, séparées par une grille de fer, appartenaient aux religieuses; le reste formait le sanctuaire, tourné vers l'Orient; cette partie de l'édifice, en dehors, était d'architecture *reticulatum* carrée et hexagone, dont on peut aujourd'hui voir les beaux vestiges. Le chevet de cette église avait une ouverture communiquant au jubé de la Trinité; on l'aperçoit encore. Il est remarquable que les bas-côtés ne tournent pas autour du chœur. »

(N. B. — *Les deux pièces suivantes nous étant parvenues trop tard pour figurer à leur véritable place, nous les donnons ici à titre de supplément.*)

ACCORD DE GUILLAUME DE LA NOE.

1388.

Sur tant, comme damme Jehanne de la Marre, prioüresse du prioüré du bourc des Moutiers, en la personne de Jaques Poene, son procureur général approuvé, disoit, entre Guillaume de La Noë, dit Daichau, que il est homme d'icelle priouresse par cause doudit prioüré, en tenant plussieurs heritages, et que par cite des heritages qu'il tient es feiz doudit priouré, est deu à celle priouresse et onc en elle et ses predicesseurs priouresses doudit lieu, par elle et lours officiers, saesine et pocession, par telle et longue ystance et espaice de temps que mémoire de homme n'est dou contraire, de avoir et soy joir sur les heritages que tient celuy de La Noë, en son fé, en la parrouesse de Sautron, ou terrouer de Boays Garan, par cause d'un debvoir nommé terraige, et sur touz et checuns les autres tenuiers et hommes d'icelles priouresses en celle parrouaisse, jutement et gouvergnement tenir, et ainxin en estre de douze gerbes, une, en tant de nombres comme y en ara et craistra en checun an; et ce estre par cause et devoir ainxin appellé checun homme et tennuier en ce que en ara et craistra en ses héritages es diz fez; les debvoirs rendre es fez d'icelle priouresse es lieux ou elle ou ses officiers vouldront les avoir en un des herbrégemenz estanz en ses fez, et que celui de La Noë en a esté en deffaud ou temps de seix anz de en faire le charroy et rendre celles gerbes comme dit est, afin que fust condampné ainxin et celement le faire fournir pour le temps avenir, sauff droit dou deffaut.

Pour ce que celui de La Noë fut dit et cogneu celi debvoir de terrage, savoir est, de douze gerbes, une estre deu esdiz fez à celle priouresse, sur touz et checuns les tennuiers y estanz, et que les autres tennuiers devoient et avoient fait sesine de randre et mener ou fé celles gerbes en un des hostieux des diz fez ou aillours en ses faiz tout le fait considere de la ou confessoit les diz fez ainxin estre, sauff que de luy fut declеré que ainxin faire et fournir le devoit celi de La Noë selond les autres hommes, et rendre celles gerbes es fez d'icelle priouresse oudit terrouer et non aillours.

Ce fut es généraulx plez de Nantes, le vendredi après la Saint Gile, l'an mil III^{c} IIII^{xx} et oyt.

(*La signature du notaire effacée*).

AVEU DE JEAN CHARETE, RECTEUR DE SAUTRON.

22 *janvier* 1471.

Sachent touz que par nostre court de Vigneu, en droit, fut présent par devant nous et personnellement estably, Missire Jehan de Charete, prebtre, recteur de Saultron, quel s'est submis et submect par son serment et sur l'obligacion de tout le sien, present et futur, au destroit, seigneurie et obeissance de nostre dicte court, quant à tout ce qui ensuilt, tenir, leguer, a esté congnoessant et confessant par devant nous, et par ces présentes congnoest et confesse estre homme de humble et honeste religieuse dame Regnée Sarrazine, prieuse du bourg des Moutiers, sa damme, et d'elle tenir en ses fiez, jurisdicion et seigneurie de Nostre Dame de Bongarent, les herittages cy après declerez. Savoir est,

Deux herbregemens o leurs fons, courtilz, rues, yssues et appartenances; l'un siis devant la petite porte de la chappelle dudit lieu de Bongarent, ung chemin entre deux; ung aultre chemin qui conduit de l'oustel Periot Brossaud, nouvellement fait près ladicte chappelle au gué du bourge, et ung aultre chemin qui conduit de l'ostel Jehannin Brossaud du bourge, par devant la grande porte de ladicte chappelle audit gué du bourge, d'une et aultres parties;

Par raeson duquel herbregement esdites appartenances, confesse le dit Missire Jehan devoir à sa dicte damme, par chacun an, au terme et feste de Nouël, le numbre de doze deniers de rente, avecques la doziesme partie d'icelles, croissans oudit jardrin, appellé terraige.

Et l'autre herbregement, siis devant la grant porte de ladicte chappelle, entre ledit chemin qui conduit de la maison dudit Jehan Brossaud au dit gué du bourge, terre appartenante à Jehan Lambert, l'estié et Jehanne Ricordeau, et terres appartenantes es Gourlatays et es Geffrions, d'une et autres parties.

Par raeson de la moitié du jardrin dudit herbregement, confesse ledit Missire Jehan, devoir à sa dicte damme, la doziesme partie d'icelles, croissant par chacun an, en ladicte moitié dudit jardrin, appellée terraige.

Et avecques ce, confesse tenir de sa dicte damme, une petite maeson siise près et au devant de la grant porte de la dicte chappelle, entre ledit chemin qui conduit de la maison et herbregement dudit Jehannin Brossaud au gué du bourge et la clousture du cymetière de ladite chappelle, une allée entre deux, d'une et autres parties.

Et plus ne confesse ne avoue tenir ne devoir à sa dicte damme, fors ferme droit et obéissance, par raeson des dictes choses, comme homme doit à sa dicte damme, et que le fié le requiert. Et baille le dit Missire Jehan

Charete, cest présent adveu et escript à sa dicte damme, pour absolu et vroy, et l'a promis et juré tenir par son serment, et sur l'obligacion de tout le sien, present et futur, et de son assentement et à sa requeste, y a esté par le jugement de nostre dicte court, jugé et condampné.

Donné tesmoign le séel estably es contratz de nostre dicte court, le vingt deuxiesme jour de janvier, l'an mil IIIIe soixante unze.

Signé : J. CHARETE, *passe ;* P. SEHIER, *passe.*

TABLE

DE

LA MONOGRAPHIE.

PREMIÈRE PARTIE.

TABLE

DES

NOTES, PREUVES ET TITRES.

DEUXIÈME PARTIE.

NOTES.

PREUVES ET TITRES.

PIÈCE IMPORTANTE.

NOTES ADDITIONNELLES.

Aux Croix, 26 *septembre* 1864.

FIN DE LA TABLE.

NOTE COMPLÉMENTAIRE

Sur les débris antiques trouvés dans les gravois et les déblais de la Sacristie de Bois-Garand, en 1864.

(Voyez pag. 18, et 61-62, Note 20).

Le plus remarquable de ces débris, déposés actuellement au Musée archéologique de Nantes, est une portion de bas-relief en albâtre, qui représente un petit pélerin, en courte chemisette et les jambes nues, les mains levées, et à demi agenouillé aux pieds de la Vierge. C'était évidemment un *ex-voto*, un don commémoratif consacré dans la Chapelle, à la suite d'un vœu formulé ou d'une guérison obtenue. La tête du suppliant et toute la partie supérieure du corps de la Vierge manquent malheureusement; mais les cinq ou six autres morceaux restants, qui se réunissent parfaitement et sans aucune lacune, ont été adroitement recollés par le zélé conservateur de notre Muséum d'histoire naturelle, le savant M. Frédéric Cailliaud, et l'on peut désormais juger de l'ensemble de ce petit monument. On y constate une singulière inégalité de travail. Le petit pélerin est d'une exécution très-médiocre, tandis que les grandes draperies de la Vierge, qui laissent à peine visible l'extrémité des pieds, sont fouillées avec beaucoup de talent, avec une sobriété et une ampleur vraiment sculpturales. La gracilité extrême et la longueur démesurée qu'affectent les proportions du corps humain dans ces deux figures, accusent une époque reculée. On distingue encore des traces de peinture verte et rouge sur le fond du bas-relief, dans l'intervalle des personnages.

ERRATA ET ADDITIONS.

Pag. 8, lig. 28, Léoburgis. — On trouve, ou plutôt on croit lire, dans les textes originaux, *Lieburgis, Leoburgis* (Cf. *infrà,* p. 34), *Tetburgis, Theburgis* (Cf., p. 79), etc., tous noms désignant une seule et même personne, abbesse de Sainte-Marie-de-la-Charité d'Angers. Qu'on juge par là du soin et de l'exactitude que les tabellions du XIe siècle mettaient à reproduire la forme et l'orthographe des noms propres !

Pag. 11, lig. 20, 1381, lisez : 1388, conformément à l'acte original, inséré plus bas, p. 127.

Pag. 23, lig. 12, après ces mots : *d'un clocher pyramidal en bois,* lisez : (*IIe Partie, Note* 19).

Pag. 28, lig. 11, piécettes de monnaies, lisez : *de monnaie.*

Pag. 36, lig. 27, Péan de la Taillerie, lisez : *de la Tuilerie.*

Pag. 46, Note 6, lig. 9, Ansger, lisez : *Ansgor,* conformément à la charte V, E, donnée p. 83.

Ibid., lig. 11, Constantin Mulnierus et Lagardis, lisez : *Constancius Mulnerius et Lejardis,* conformément au texte de la charte VI, F, donnée p. 84-85.

Pag. 48, lig. 13 et 14, 1383, et... de la Barre, lisez plutôt : 1388, et... *de la Marre,* conformément à l'acte donné plus bas, p. 127. — Même observation, au sujet du nom propre, pour les pages 35 et 37, *ad annum* 1383. Cette leçon, très-probablement fautive, *de la Barre,* est, du reste, celle de tous les textes imprimés.

Pag. 60, lig. 14, *ainsi que de la date,* effacez *de.*

Pag. 74, lig. 16, Bouteiller, lisez : *Boutillier.*

Pag. 79, lig. 4, Tetburgis. — Cf. la remarque en tête de ces *Errata et Additions.*

Pag. 81, lig. 20, Udeburgi. — Même observation que tout-à-l'heure. On trouve Udeburgis, comme dans la présente charte, Hildeburgis (Cf. p. 86, lig. 9, et aussi p. 35, *ad annum* 1126, et p. 38, *ad annum* 1125) ; Aldeburgis (Cf. p. 35, *ad annum* 1136) ; Andeburgis (Cf. p. 38, *ad annum* 1125), etc. Mais Udeburgis est bien la forme donnée par les textes de Dom Lobineau et de M. P. Marchegay.

Pag. 125, lig. 17, Frédeburgim. C'est là ce que porte le texte de M. Godard-Faultrier. Mais il est évident que cet accusatif latin doit se rendre en français par *Frédeburgis*.

Telles sont les fautes que nous avons trouvées, et que nous avons dû rectifier. Les lecteurs instruits, qui savent combien est difficile, pour ne pas dire impossible, une correction absolue, voudront bien être indulgents pour celles qui auraient pu échapper encore à notre dernière révision. Quant aux bizarreries d'orthographe, de ponctuation et de langage, qu'ils remarqueront dans les actes originaux, principalement dans ceux qui figurent aux pages 87-90, 91-117, 127-128, 129-131, nous nous contenterions de renvoyer nos lecteurs à la Note 10, p. 53, s'il en était besoin.

Achevé d'imprimer, ce 27 *mai* 1865.

15064. — Nantes Imp. Charpentier, rue de la Fosse, 32.

www.ingramcontent.com/pod-product-compliance
Ingram Content Group UK Ltd.
Pitfield, Milton Keynes, MK11 3LW, UK
UKHW020252250726
13967UKWH00004B/1642